나는 글로컬 기자다

이 책은 '방일영문화재단'의 지원을 받아 저술·출판되었습니다.

나는 글로컬 기자다

- AI저널리즘시대 지역신문 생태계 -

박종문 著

學而思|학이사

지역신문 35년 차 기자가 느끼는 언론환경은 격변의 연속이다. 국가와 사회의 흐름에 가장 직접적이고 민감하게 반응하는 조직이라 할 지역신문은 대한민국의 격변만큼이나 파란만장한 역사를 갖고 있다.

일제의 압제에서 벗어난 뒤 해방정국과 남북 분단정국이라는 무질서하고 어수선한 환경에서 지역신문은 지역사회에 유일한 공론의 장을 제공했으며, 6·25국면에서는 전국민이 궁금해하는 전황을 전해준 대표 언론 역할을 했다. 4·19, 5·16, 3선 개헌, 유신 선포 등 한국 근현대 정치사에서 지역언론은 지역사회의 공기公器로서 그 위상을 정립해 나갔다.

1980년 전두환 신군부에 의해 자행된 언론통폐합 조치는 한국

언론이 공권력에 의해 억압된 전대미문의 사건이었다. 내가 근무하고 있는 영남일보는 해방되던 해인 1945년 10월 11일 창간호를 발행했다. 지역신문 가운데 가장 오래된 역사를 자랑하지만 신군부에 의해 1980년 11월 25일 강제폐간됐다. 신군부가 '한 개의 도道에 한 개의 신문사社만 남긴다'는 '1도道 1사社' 방침에 따라 당시 우리나라 전국 광역지방자치단체에는 1개 신문사만 남고 나머지 신문사는 통폐합되는 비운을 맞았다.

하지만 지역신문은 이런 암흑기를 거쳐 1987년 6·29선언과 그해 12월 '언론기본법' 폐지로 새로운 국면을 맞이했다. 통폐합되었던 신문사들은 언론자유화 조치로 다시 복간했으며, 이후 많은 신생 신문사들이 탄생했다. 지금의 지역신문사들은 언론자유화 조치 이후 생겨난 신생 신문사들이 대부분이다.

언론자유화 조치 이후 전국지의 대대적인 지방공략에 맞서서 지역신문은 그 위상을 지켜왔으나 인터넷 포털의 등장으로 전혀 낯선 환경을 맞게 된다. 인터넷 포털은 지역신문, 나아가 한국 언론의 생태계를 교란시켰고, 지역신문 전체의 경쟁력 약화를 불러

왔다.

여기에다 최근 급속히 진행되고 있는 4차 산업혁명으로 인해 대한민국 지역신문은 생태계 붕괴위기에 처해있다. 아니 좀 더 솔직히 표현하면 이미 생태계가 붕괴되고 있어 언론 본연의 기능이 점점 위축되고 있다. 지역주민의 목소리를 대변해 온 지역신문이 위축되면서 민주주의 발전이나 건전한 사회의 형성도 더불어 위기를 맞게 됐다.

종이신문에서 디지털 미디어로의 전환, 소셜 미디어의 부상, 그리고 이제는 인공지능(AI)의 등장까지, 저널리즘 환경은 끊임없이 변화하고 있다. 이런 변화의 근본동력은 4차 산업혁명이다. 4차 산업혁명이라는 낯선 파도가 인류의 삶의 방식을 송두리째 바꿀 기세다. 사회 전반적으로 진행되고 있는 4차 산업혁명은 인류에게 전혀 낯선 형태로 다가오고 있다. 지금까지 살아온 방식과는 전혀 다른 모습을 그려줄 태세인 것이다.

정보와 기술이 융합된 오늘날, 빅데이터와 인공지능(AI)은 우리가 세상을 경험하는 방식과 지식을 공유하는 수단을 재구성하며 기존의 미디어 생태계 내에 근본적인 변화의 물결을 일으키고 있다. 자동화된 뉴스 작성 시스템, 데이터 저널리즘, 개인화된 뉴스 추천 등 AI 기술은 저널리즘의 다양한 측면에서 활용되고 있다. 지역신문은 이러한 변화 속에서 더욱 큰 도전을 맞고 있다.

30여 년 전인 1990년, 영남일보에 입사했을 때를 생생히 기억한다. 당시의 신문 제작 시스템은 철저히 수手작업으로 이뤄졌다. 통신(전화)도 원활하지 않아 기자들은 직접 현장을 찾아 취재를 했고, 원고지에 기사를 쓰던 시절이었다. 일부 속보성 기사는 전화로 불러주면 편집국 내 다른 기자가 원고지에 받아 적어 데스크에게 건네던 시절이었다. 기사를 쓰기 위해서는 독자들과 직접적으로 소통할 수밖에 없는 환경이었다.

그러나 입사 후 월드와이드웹(www) 교육을 받고, 몇 년이 안 돼 개인 노트북이 지급되면서 신문 제작 방식이 급속한 변화를 맞기 시작했다. 노트북과 같은 혁신적인 기술 발전으로 기자들의 전통적인 업무 스타일이 근본적으로 바뀌기 시작한 것이다. 인터넷의 발전과 함께 디지털 미디어가 급부상하면서 뉴스의 생산과 소비 방식이 혁신적으로 변했다. 그리고 이제 AI는 저널리즘의 새로운 패러다임을 제시하고 있다. AI는 방대한 데이터를 분석하고, 자동으로 뉴스를 생성하며, 독자 맞춤형 콘텐츠를 제공할 수 있는 능력을 가지고 있다.

이러한 기술은 지역신문에 큰 도전이다. 디지털 시대의 도래는 지역신문에 많은 숙제를 던지고 있다. 독자 수 감소, 광고 수익 급감, 경쟁(뉴) 미디어의 등장 등으로 인해 많은 지역신문이 생존의 위기를 맞고 있기 때문이다. AI 시대에 지역신문이 직면한 도전과 변화는 단순히 기술의 문제가 아니라, 저널리즘의 본질과 가치를 지키는 문제이기도 하다.

이 책은 21세기 대한민국 지역신문의 현실을 살펴본 뒤 AI 시대에 지역신문이 나아가야 할 방향과 전략을 모색해 보자는 취지에서 기획됐다. 30여 년간의 경험과 지식을 바탕으로, AI 시대에 지역 언론이 지속 가능하게 발전할 수 있는 방안을 찾아보려 했지만 짧은 기간에 많은 내용을 담기에는 내 스스로 부족함이 많다는 것을 느낀다.

지역신문이 지역사회에 가장 중요한 공기公器임에도 불구하고 지역신문의 생태계 붕괴로 인한 부작용을 우려하는 목소리는 거의 없다. 지역신문사는 신문사가 처한 현실을 외부에 알리고 발전 방안을 모색하는 데 익숙하지 않다. 언론학회 또한 지역신문의 부분적인 경쟁력 강화나 제작시스템, 근무여건 등 다소 미시적이고 학술적인 주제에 관심을 가질 뿐 생태계 자체에 대한 논의는 거의 보이지 않는다. 정부와 지방자치단체 또한 지역신문의 활용이나 컨트롤에만 관심이 있지 지역사회에 필요한 건전한 공기로서 지역신문의 중요성에 대해서는 별다른 인식이 없는 듯하다.

이 같은 근시안적인 접근과 무관심은 지역신문을 생태계 붕괴 상태로 몰아넣는 매우 위험한 시각이다. 학계 무관심 또한 정부나 지자체의 의사결정이나 정책입안과정에 제대로 된 기초자료를 제공할 수 없다는 점에서 매우 우려스러운 상황이다. 지역신문이 곪

아가고 있는데 지역신문사 자체의 자생력에 기대하는 것은 위험한 생각이다. 지금의 지역신문 생태계 붕괴 위기는 한두 개 언론사의 문제가 아니라 구조적, 시스템적 한계에 의한 것이라는 점을 직시할 필요가 있다.

물론 이런 현상은 지역신문이 가진, 아니 신문사가 가진 독특한 성격 때문이기도 하다. 신문사의 소유구조나 기업형태는 대부분 사기업이지만 기능적 역할은 저널리즘이라는 공적인 영역이기 때문이다. 자본주의 사회에서 사기업이 공적인 역할을 하는 특별한 기관이 언론사인 것이다. 그래서 언론사 지원이 사기업 지원이라는 측면도 있고, 한편으로는 지역저널리즘 구조를 탄탄히 하는 공적인 것이라는 이중적 성격을 가지고 있다.

지역신문이 붕괴될 경우 지역사회를 유지하고 민주주의를 발전시키는 데 필수불가결한 공론의 장이 위축되는 만큼 지속가능한 지역혁신, 국가균형 발전, 건전한 사회 형성과 민주주의 가치 확산을 위해 지역신문의 튼튼한 생태계 구축에 국가와 지방자치단체는 물론, 학계, 지역사회 모두가 관심을 가지기를 바라는 마음에서 부족하나마 이 책을 펴내게 됐다.

준비하는 기간이 짧고 능력에 한계가 많아 다소 미흡한 부분이 많지만 30년 이상 지역신문기자로 활동하고 있는 고민의 결실이라는 점을 밝혀둔다. 이 책이 지역신문에 관심을 가지는 계기가 돼서 건전한 지역신문 생태계 구축에 도움이 됐으면 하는 바람이다.

2024년 10월
梅崗 박종문

제2장
지역신문 생태계 붕괴

제3장
대안 모색

제4장
마무리

제 1 장

21세기
언론환경

21세기 대한민국 지역신문 환경은 급변하는 디지털 환경과 정부와 정치권의 부적절한 대응으로 매우 위험한 상황으로 치닫고 있다. 인터넷 발달과 모바일 기기의 확산으로 기존 지역신문은 속수무책에 빠졌다. 거센 도전 앞에 적극적인 투자를 해야 할 것인지, 적당한 거리를 두고 추격할 것인지, 외면할 것인지 등 대응의 갈피를 잡지 못하고 있다.

1990년대 중후반부터 시작된 인터넷 보급과 함께 온라인 뉴스 포털이 대중화되면서, 지역신문사도 하루 한 번 신문을 발행하는 체제에서 벗어나 사실상 24시간 실시간 뉴스를 제공하는 구조로 변화했다. 특히 인터넷 매체의 등장과 SNS 활성화는 뉴스 소비 형태의 다변화를 초래해 거의 독점적인 지위를 누리고 있던 지역신문은 독자층 이탈과 구독자 감소, 광고수입 급감 등 직격탄을 맞았다.

 이 같은 디지털 미디어 환경은 지역신문이 예전에 경험하지 못한 전혀 낯선 환경을 제공하고 있다. 정보의 홍수 속에서 지역신문, 지역뉴스의 설자리는 점점 위축되고 있고, 클릭 수를 중시하는 자극적인 제목과 선정적 내용이 증가하면서 전통적인 저널리즘의 가치가 도전받고 있다. 또한, 소셜 미디어의 확산은 지역신문의 존재가치를 위협하는 수준에까지 이르렀다.

 전통적인 광고 수익 모델이 붕괴되면서 언론사는 대체 수익원 발굴에 애를 먹고 있다. 모든 것이 수도권에 집중된 대한민국만의 특이한 경제구조로 인해 지역신문에 광고할 여력이 되는 지역기업은 해가 갈수록 줄어드는 여건에서 뉴미디어의 등장은 지역신문사 수익구조에 치명타를 가하고 있다. 온라인 광고, 유료 구독 모델 등 여러 방식이 논의되고, 시도되고 있지만, 아직까지는 어느 한 분야도 전통적인 수익구조를 대체하기에는 역부족이다.

정보독점시대의 종언

 21세기 대한민국 언론의 가장 큰 변화는 언론의 정보독점시대가 끝났다는 점이다. 이는 디지털 기술의 혁신과 인터넷의 대중화, 소셜 미디어의 확산 등 다양한 요인들에 기인한다. 과거에는 신문사와 방송사 등 전통적인 언론 매체가 정보의 생산과 유통을 독점하며 여론 형성에 주도적인 역할을 했다. 당시에는 국민들이 신문이나 방송 뉴스를 보고 새로운 소식을 접했다. 신문과 방송이 세상과 소통하는 유일한 창구였던 것이다. 그러나 이제는 정보의 생산과 유통이 다원화되면서, 전통적인 언론의 독점적인 지위는 크게 약화되었다.

디지털 기술의 발전은 정보 접근성과 생산성을 획기적으로 변화시켰다. 과거에는 뉴스 제작과 배포가 전문적인 기자와 편집자만이 할 수 있는, 기자들의 독점적인 과정이었다. 하지만 이제는 누구나 스마트폰 하나로 뉴스를 생산하고 공유할 수 있는 시대가 되었다. 블로그, 유튜브, X(트위터) 등 다양한 디지털 플랫폼을 통해 일반 대중도 손쉽게 정보 생산자가 될 수 있다. 이는 전통적인 언론사들이 더 이상 정보의 유일한 생산자나 유통자가 아님을 의미한다.

특히 인터넷의 보급은 정보 접근의 장벽을 낮추었다. 과거에는 신문 구독이나 TV 시청을 통해서만 뉴스를 접할 수 있었지만, 이제는 인터넷을 통해 언제 어디서나 다양한 정보를 손쉽게 얻을 수 있다. 이는 정보 소비자의 선택 폭을 넓히고, 전통적인 언론 매체의 영향력을 상대적으로 약화시키는 결과를 초래했다. 또한, 인터넷 포털 사이트와 소셜 미디어의 대두는 정보 유통의 중심이 전통적인 언론사에서 디지털 플랫폼으로 이동하게 만들었다.

특히 소셜 미디어는 정보 유통의 새로운 패러다임을 제시했다. 페이스북, X(트위터), 인스타그램 등 다양한 소셜 미디어 플랫폼을 통해 개인은 자신의 의견을 표현하고, 정보를 공유하며, 다른 사람들과 상호작용할 수 있게 되었다. 이는 정보의 유통 과정을 보다 민주화하고, 정보의 흐름을 보다 개방적으로 만들었다. 또한 소셜 미디어는 정보의 속도와 확산력을 극대화시키며, 전통적인 언론이 따라잡기 어려운 속도로 정보를 전파할 수 있게 했다.

이러한 변화는 전통적인 언론사들에게 큰 위협이다. 정보독점 시대가 끝났다는 것은 언론사들이 더 이상 과거의 방식으로는 생존할 수 없음을 의미한다. 신문이 더 이상 뉴스를 전해주는 유일한 매체가 아니며, 오히려 필요할 때 즉시 확인할 수 있는 온라인 뉴스에 더 익숙해져 가고 있다. 이제 더 이상 새로운 소식을 알기 위해 신문을 기다릴 필요가 없는 시대로 접어든 것이다.

신문과 방송의 속보기능 상실

전통적인 신문과 방송에게 더욱 위협적인 것은 21세기 들어 디지털 기술의 급격한 발전과 인터넷의 보급으로 인해 속보 기능이 점차 상실되고 있다는 점이다. 과거에는 신문과 방송이 가장 빠르게 뉴스를 전달하는 주요 매체였지만, 이제는 인터넷과 모바일 기술의 발달로 인해 그 역할이 크게 축소되었다. (신문과 방송) 기자가 가장 늦게 소식을 접한다는 자조적인 이야기도 많다. SNS를 통해 사건이나 사고가 먼저 확산된 뒤 뒤늦게 기자가 이 소식을 접하고 취재를 시작한다는 것이다.

이러한 변화는 뉴스 생산과 유통의 패러다임을 근본적으로 바꾸었다. 특히 인터넷의 보급과 함께 온라인 뉴스 포털과 소셜 미디어가 뉴스를 실시간으로 제공하게 되면서, 신문이 갖고 있던 속보 기능은 크게 약화되었다. 인터넷 포털 사이트는 24시간 뉴스를 업데이트한다. 이는 신문이 지면을 통해 하루 한 번 뉴스를 제공하는 방식과는 근본적으로 다른 형태로, 속보의 속도에서 신문은 더 이상 경쟁력을 갖지 못하게 되었다.

모바일 발전 또한 신문의 속보기능 상실에 큰 영향을 미쳤다. 스마트폰의 보급으로 인해 독자들이 언제 어디서나 손쉽게 뉴스를 접할 수 있게 되어 뉴스의 소비 패턴이 크게 변화하였다. 독자는 더 이상 신문을 기다리지 않고, 실시간으로 뉴스를 확인한다.

소셜 미디어의 확산은 속보의 개념을 더욱 변화시켰다. X(트위터), 페이스북, 인스타그램 등 다양한 소셜 미디어 플랫폼은 실시간으로 사건을 공유할 수 있어 신문사의 속보기능을 사실상 무력하게 만들었다. 독자에게 사실확인된 뉴스만을 제공하는 일방향성의 신문과는 다른 (뉴)미디어인 것이다. 네트워크로 강력하게 연결된 소셜 미디어는 사건(정보)이 발생한 순간부터 바로 전파되는 특징을 갖고 있어, 신문은 이들과의 속보 경쟁 자체가 불가능한 환경이다.

기자의 정보 유통 독점성

당연한 이야기이지만 4차 산업혁명으로 인한 디지털 전환으로 기자들이 가지고 있던 정보 유통 독점기능도 끝났다고 할 수 있다. 과거에는 기자들이 정보의 주요 생산자이자 유통자로서 여론 형성에 결정적인 역할을 했으나, 이제는 정보의 생산과 유통이 다원화되고, 일반인들도 손쉽게 정보에 접근하고 생산할 수 있는 환경이 조성되었다. 이로 인해 기자들은 정보 독점 지위를 잃었을 뿐만 아니라, 정보 취득 시기도 일반인들보다 늦어지는 경우가 많아졌다.

인터넷의 보급과 스마트폰의 대중화는 누구나 손쉽게 정보를 생산하고 공유할 수 있게 만들었다. 다양한 디지털 플랫폼을 통해 일반 대중도 정보 생산자가 되었으며, 이는 기자들이 더 이상 정보의 유일한 생산자나 유통자가 아님을 의미한다. 정보 생산과 유통의 중심이 전통적인 언론사에서 디지털 플랫폼으로 이동한 것이다. 이러한 변화는 기자들에게 엄청난 위협이다. 기자들이 더 이상 과거의 방식으로는 생존할 수 없음을 의미한다. 정보개방시대, 기자들의 정보 독점성이 깨진 상황에 적응해야 하는 난제에 직면한 것이다.

한편으로 기자들의 정보유통독점시대가 끝났다는 것은 정보의 민주화와 투명성이 강화됐다는 의미이기도 하다. 과거에는 언론사나 정부 등이 기자들의 정보 유통을 통제하며 여론을 형성할 수 있었지만, 이제는 정보 통제가 사실상 불가능한 상황에 처해짐에 따라 상당히 개방된 상태에서 정보가 유통되고 있다.

이는 긍정적인 면과 부정적인 면을 같이 갖고 있다. 긍정적이라면 앞서 언급했듯이 정보통제가 불가능하다는 점이다. 인위적인 정보통제를 통해 특정세력이 이득을 보거나 정보를 왜곡시키는 것이 어려워졌다는 의미다.

동전의 양면처럼 부정적인 면도 있다. 바로 가짜뉴스다. 전통적인 언론은 취재에서 보도에 이르는 과정에 수많은 확인과 검증 단계를 거쳐 '확인된 사실'만 보도하지만 소셜(뉴) 미디어는 속보성에 강점이 있지만 확인과 검증은 소홀하다는 문제점이 있다.

뉴스 생산자와 소비자의 경계

앞서 지적했듯이 21세기는 디지털 혁명의 시대로, 정보의 생산과 소비 방식이 급격히 변하고 있다. 특히, 인터넷과 소셜 미디어의 확산은 뉴스의 생산자와 소비자 간의 경계를 모호하게 만들었다. 이러한 변화는 전통적인 언론사들에게는 전혀 낯선 환경이다.

디지털 플랫폼은 뉴스 생산과 소비 방식의 변화를 이끌어 냈다. 인터넷과 소셜 미디어는 누구나 쉽게 뉴스 콘텐츠를 생산하고 공유할 수 있는 환경을 조성했다. 블로그, 유튜브, X(트위터) 등 다양한 플랫폼을 통해 일반인도 자신의 의견을 뉴스 형태로 표현할 수 있게 되었다. 이러한 플랫폼은 전통적인 뉴스 매체와 달리 접근성이 좋고, 실시간으로 정보를 전달할 수 있는 장점이 있다. 따라서, 이제는 전통 매체의 기자뿐만 아니라 일반인도 뉴스 생산자가 될 수 있는 시대가 됐다.

기자보다 더 뛰어난 전문가들의 뉴스 생산 확대

뉴스 생산자로서의 기자의 지위는 4차 산업혁명이 시작되면서 강력한 도전을 받고 있다. 더 이상 기자들이 유일한 뉴스 생산자가 아닌 것이다. 21세기 들어 디지털 기술의 혁신과 인터넷 보급으로 인해 뉴스 생산과 유통의 패러다임이 급격히 변화하고 있기 때문이다.

과거에는 기자만이 기사를 쓸 수 있었다. 마치 하나의 자격증처럼 '기자'가 인정받던 시절이었다. 당시 기자만이 정보의 주요 생산자이자 유통자로서 여론 형성에 결정적인 역할을 했다. 그러나 이제는 다양한 분야의 전문가들이 뉴스 생산과 유통에 참여하면서 기자들의 설자리가 점차 줄어들고 있다. 이러한 변화는 뉴스의 질과 신뢰성에 긍정적인 영향을 미칠 수 있지만, 동시에 전통적인 언론의 역할과 기자들의 전문성이 도전받는 상황을 초래하고 있다.

먼저, 인터넷과 소셜 미디어의 확산은 다양한 분야의 전문가들이 손쉽게 뉴스 생산자가 될 수 있는 환경을 조성했다. 과거에는 대체로 기자만이 뉴스를 생산할 수 있었지만, 이제는 의사, 과학자, 경제학자, 시사평론가, 연예인, 스포츠 스타 등 다양한 분야 전문가들이 직접 뉴스를 생산하고 유통하고 있다. 이들은 자신의 전문 지식을 바탕으로 보다 깊이 있는 분석과 해설을 제공하며 독자들에게 신뢰할 수 있는 정보를 제공하는 데 기여하고 있다. 이러한 변화는 뉴스의 질과 다양성을 높이는 긍정적인 효과를 가져왔다.

특히, 소셜 미디어 플랫폼은 전문가들이 자신의 의견과 분석을 실시간으로 공유할 수 있는 장을 제공했다. 소셜 미디어를 통해 전문가들은 자신의 전문 분야에 대한 뉴스를 직접 생산하고, 이를 전 세계로 전파할 수 있게 되었다. 뉴스의 유통 과정을 보다 민주화하고, 정보의 흐름을 보다 개방적으로 만든 것이다. 이는 기자들이 정보의 유일한 생산자나 유통자가 아니게 되었음을 의미한다.

전문가들이 생산하는 뉴스는 그들의 깊이 있는 지식과 경험을 바탕으로 하기 때문에, 독자들에게 높은 신뢰성과 권위감을 제공한다. 예를 들어, 의학 관련 뉴스는 의사나 의학 연구자들이 직접 생산하는 경우가 많아졌고, 이는 독자들에게 보다 신뢰할 수 있는 정보를 제공한다. 경제 뉴스 역시 경제학자나 금융 전문가들이 직접 분석을 제공하면서, 독자들은 보다 깊이 있는 이해를 할 수 있게 되었다. 이러한 변화는 전통적인 기자가 제공하는 뉴스와는 차별화된 가치를 제공한다. 이는 독자가 전문가들이 생산하는 뉴스를 선호하는 이유 중 하나이다.

　이처럼 디지털 기술의 혁신과 인터넷 보급으로 인해 다양한 분야의 전문가들이 뉴스 생산과 유통에 참여하게 되었다. 이러한 변화는 뉴스의 질과 다양성을 높이는 긍정적인 효과를 가져왔지만, 동시에 기자들의 역할과 전문성이 도전받는 상황을 초래하고 있다. 기자의 역할 변화가 필요한 시점이다.

제 2 장

지역신문
생태계 붕괴

대한민국의 지역신문은 오랜 세월 동안 지역사회와 밀접한 관계를 유지하며 주민들에게 중요한 정보와 소식을 전달하는 역할을 해왔다. 그러나 21세기에 들어 디지털 혁명과 미디어 환경의 급격한 변화로 인해 지역언론 생태계는 큰 도전에 직면했다. 인터넷과 모바일 기술의 발달, 소셜 미디어의 확산, 경제적 압박 등 다양한 요인들이 복합적으로 작용하며, 지역신문 생태계는 붕괴 위기에 처해 있다. 이러한 변화는 지역신문의 역할과 기능을 약화시키며, 지역사회와 주민들에게 미치는 부작용도 커지고 있다.

특히 수도권 집중으로 인한 지방자치제도 위축과 지방 경제침체는 지역신문의 생태계를 붕괴시키는 근본 원인으로 지목되고 있다. 수도권 일극체제 아래에서 지역신문의 위치는 점점 좁아지고 있다.

여기에다 디지털 기술의 발전은 지역신문의 생태계 붕괴에 직접적인 영향을 미친 요인 중 하나이다. 인터넷의 보급과 스마트폰의 대중화는 정보의 접근성과 유통 방식을 획기적으로 변화시켰다. 과거에는 지역신문이 지역주민들에게 유일하고도 주요한 정보 제공원이었지만, 이제는 인터넷을 통해 언제 어디서나 다양한 정보를 손쉽게 얻을 수 있게 되었다. 이는 지역신문의 독자층을 급격히 감소시키며, 지역신문의 영향력을 약화시키는 결과를 초래했다. 특히, 인터넷 포털 사이트와 소셜 미디어가 정보 유통의 중심이 되면서 지역신문이 더 이상 정보의 독점적 제공자가 아니게 되었다.

우리나라는 포털이 강력한 언론(뉴미디어) 역할을 하면서 지역신문의 생태계 붕괴를 가속화하고 있다. 포털로 인한 언론 위기는 전국지도 마찬가지이지만 지역신문의 피해는 회복하기 어려울 정도로 직격탄을 맞았다. 전국지와 인터넷신문 대부분이 포털과 가장 높은 제휴관계인 CP(콘텐츠 제휴)사 지위를 확보하고 있지만 지역신문은 철저히 소외되고 있다.

겨우 몇 개 신문사가 지위를 회복했고 그 후 몇 년이 지나 특별심사를 통해 지역별로 1개 신문사(방송사 포함)만 CP 지위를 확보하는 데 그쳤다. 뉴스 유통 경로를 사실상 장악하고 있는 포털에 의해 뉴스 노출이 봉쇄되면서 지역신문이 생산한 뉴스와 콘텐츠가 소비자에게 최종적으로 도달되기 어려운 구조가 만들어진 것이다. 우리나라가 민주화 과정에서 언론자유가 많이 신장됐지만 민간이 운영하는 인터넷 포털에 의해 언론자유가 침해받는 아주 황당한(낯선) 환경에 직면한 것이 지금 지역신문이 안고 있는 숙제다. 실질적인 침해가 이루어지고 있다는 점에서 어떤 식으로든 제도 개선은 불가피해 보인다.

신문구독층의 급격한 감소

21세기에 들어 미디어 환경의 급격한 변화로 인해 지역신문의 생태계는 큰 도전에 직면하고 있다. 이러한 변화의 대표적인 현상 중 하나는 신문 유료 구독층의 급격한 감소와 신문을 읽는 사람들의 수가 현저히 줄어들었다는 점이다. 이 현상은 지역신문의 생존을 위협하는 주요 요인 중 하나로 작용하고 있으며, 지역사회와 주민들에게도 큰 영향을 미치고 있다.

과거에는 지역신문이 지역주민들에게 사실상 유일한 정보 제공원이었지만, 이제는 인터넷을 통해 언제 어디서나 다양한 정보를 손쉽게 얻을 수 있게 되었다. 이는 신문을 구독할 필요성을 감소시키며, 신문 유료 구독층의 급격한 감소를 초래했다. 특히 인터넷 포털 사이트와 소셜 미디어가 실시간으로 뉴스를 제공해, 지역신문이 더 이상 정보의 독점적 제공자가 아니게 되었다.

스마트폰의 보급 또한 신문 유료 구독층의 감소에 큰 영향을 미쳤다. 스마트폰을 통해 독자들은 더 이상 신문을 기다리지 않고,

실시간으로 뉴스를 확인할 수 있다. 신문 구독의 필요성이 줄어든 것이다. 젊은 세대는 스마트폰을 통한 뉴스 소비에 익숙해져 신문 유료 구독층의 고령화와 감소가 가속화되고 있다.

경제적 압박도 신문 유료 구독층의 감소에 중요한 요인으로 작용하고 있다. 과거 신문 구독이 사회·경제적 지위의 상징이던 시절도 있었다. 신문을 구독할 수 있는 가정이 학력 수준도 높고 그만한 경제적 여유도 있다는 반증이었다. 그러나 현재는 가정에서 신문구독 여부는 그리 중요한 요소가 아니다. 신문 구독 여부가 사회적 지위의 상징도 아닐뿐더러 오히려 구세대 이미지로 인식될 정도로 환경이 급변했다. 이제 더 이상 신문구독이 가정의 필수항목이 아니다. 오히려 스마트폰 보유 대수, 인터넷 유무, PC 소유 유무 같은 것이 과거의 신문 구독 가구 인식을 대체해 가고 있는 실정이다.

젊은 세대의 신문 외면

젊은 세대는 신문을 읽지 않는 경향이 더욱 두드러진다. 젊은 세대의 신문 외면 현상은 지역신문의 생존을 위협하는 주요 요인 중 하나로 작용하고 있다. 젊은 세대의 뉴스 소비 패턴은 전통적인 신문과는 관계가 전혀 없다고 할 정도로 크게 다르며, 이는 지역신문의 영향력 약화와 독자층 감소를 초래하고 있다.

디지털 네이티브(원주민)로 불리는 젊은 세대는 태어날 때부터 영상과 이미지로 세상과 소통했다. 또 이들은 디지털 기기와 인터넷 환경에 익숙해져 있다. 이는 텍스트 중심인 기성세대의 전통적인 신문 읽는 습관이 형성되지 않게 만든다. 젊은 세대는 실시간으로 업데이트되는 뉴스를 선호하는데, 신문이 하루 한 번 발행되는 전통적인 방식과는 크게 다르다. 따라서 신문을 구독하거나 읽는 대신, 인터넷과 소셜 미디어를 통해 뉴스를 소비하는 경향이 강하다.

스마트폰의 보급은 젊은 세대의 뉴스 소비 패턴을 크게 변화시켰다. 스마트폰을 통해 젊은이들은 언제 어디서나 뉴스를 접할 수 있게 되었다. 신문이 가지고 있지 않은 뉴스 소비의 즉시성과 편리성을 제공하기 때문이다. 이동 중에도 손쉽게 뉴스를 확인할 수 있어 신문 구독의 필요성을 없게 만들었다. 특히 젊은 세대는 짧고 간결한 뉴스를 선호하며, 이는 긴 기사나 분석적인 내용을 포함한 전통적인 신문과는 맞지 않는 경향이 있다.

소셜 미디어의 확산은 젊은 세대의 뉴스 소비 패턴을 더욱 변화시켰다. 젊은 세대는 소셜 미디어를 통해 친구나 팔로워들이 공유하는 뉴스를 접하게 된다. 전통적인 신문을 통한 뉴스 소비와는 크게 다른 방식이다. 또한, 소셜 미디어는 뉴스와 관련된 다양한 의견과 토론을 제공하며, 젊은 세대는 이를 통해 뉴스를 소비하고, 자신의 의견을 형성하게 된다. 지역신문이 가진 일방향성이 아니라 뉴미디어가 가진 쌍방향성에 젊은이들이 매력을 느끼고 그

만큼 상호 소통하면서 신문의 필요성을 느끼지 못하고 있는 것이다.

구독료를 받는 신문과는 달리 인터넷 뉴스는 무료라는 점도 젊은이들에게는 매력이다. 무료로 제공되는 인터넷 포털 사이트와 소셜 미디어 뉴스는 젊은 세대가 신문에 무관심하게 하는 하나의 요인이다. 젊은이들에게 신문 구독은 아예 안중에 없는 것이다.

이러한 젊은 세대의 신문 외면 현상은 지역신문의 생태계 붕괴를 가속화시키고 있다. 젊은이들의 지역신문 외면은 더 이상 지역신문이 지속가능하지 않다는 반증이다. 고령화된 신문 유료 구독층은 점차 구독자 수 감소로 이어지고 새로운 구독층 유입은 없는 한계 상황으로 치닫고 있는 것이다. 이는 장기적으로 지역신문사의 생존을 위협하는 요인이다.

광고수입의 급격한 감소

지역신문에게 지속적인 위협은 광고수입의 급감이다. 특히 광고수입의 급속한 감소는 지역신문사들에게 심각한 경영 위기를 초래하고 있으며, 이는 지역언론의 생존을 위협하는 주요 요인 중 하나로 작용하고 있다.

과거에는 지역신문이 광고 독점성을 가지고 있고 광고효과도 커서 지역을 대표하는 광고 매체로 인식돼 안정적인 광고수입을 확보할 수 있었다. 본격적인 인터넷 매체 등장 전까지는 지역 주요 광고주들이 인기 지면 광고를 위해 프리미엄(웃돈)을 줄 정도로 지역신문시장은 호경기를 맞이하고 있었다. 그러나 경제의 수도권 집중이 강화되면서 광고를 할 수 있는 지역기업이 줄어들었다. 인터넷과 모바일 기술의 발달로 인해 광고 시장의 중심이 디지털 플랫폼으로 이동하면서 지역신문사들은 광고수입의 큰 부분을 잃게 된 것이다. 이는 지역언론사의 재정적 기반을 약화시키며, 경영 위기를 초래하는 주요 요인으로 작용하고 있다.

지역언론사의 광고수입 감소는 여러 가지 이유와 원인에 기인한다.

우선, 지역경제가 침체되었다. 대한민국의 유례없는 수도권 집중으로 지방경제는 큰 도전을 받고 있다. 여기에다 1997년에 닥친 전대미문의 IMF 경제위기는 결과적으로 수도권 집중을 가속화시켰다. 소위 대마불사大馬不死로 세계적 금융위기에도 불구하고 재벌財閥로 불리는 대기업은 대부분 생존했지만 지역을 대표하는 기업들은 대부분 도산하거나 워크아웃에 들어갈 수밖에 없었다. 이로 인해 경제의 수도권 집중은 더욱 가속화됐다.

2019년 기준 1천대 대기업 본사의 75.3%인 753개가 수도권에 있고, 1천대 대기업 매출의 86.3%(1천935조 원)가 수도권에서 나오고 있다. 대기업과 첨단기업이 수도권에 집중된 탓에 대한민국 지방경제는 고사직전이다. 과거 지역신문을 든든하게 지원했던 광고할 수 있는 여력이 있는 지역기업들은 하나둘씩 사라져 지역신문의 광고기반이 급소하게 무너지고 있는 것이다.

또한 인터넷 광고시장의 성장으로 신문광고 수요는 상대적으로 급감했다. 일단 구독자 면에서 종이신문과 인터넷 및 스마트폰과는 비교가 안 된다. '1인 1PC', '1인 1스마트폰' 시대에 광고주들이 인터넷으로 쏠리는 것은 어쩔 수 없는 현상이다. 특히 인터넷 광고는 맞춤형, 타깃형 광고가 가능하고 지역제한을 받지 않는다는 점, 그리고 상대적으로 저렴하다는 면에서 향후 성장가능성이 더 크다. 신문에 광고할 이유가 점점 더 줄어들고 있는 것이다.

더 심각한 문제는 그나마 유지되고 있는 광고도 실질적인 광고효과가 없기 때문에 지역신문에 광고한다기보다는 오래된 관계(인연)나 리스크 관리 차원에서 광고를 집행하고 있다는 점이다. 지역신문사나 광고주나 신문광고가 예전과 달리 효과가 거의 없다는 것을 알면서도 관행적으로 집행되고 있어 지속가능성에 빨간불이 켜졌다.

광고수입 감소의 부작용

광고수입 감소는 지역신문사를 경영 위기로 내몰고 있다. 먼저, 가장 쉬우면서도 가장 어려운 인력 감축과 축소 경영이다. 일반 기업과 달리 그동안 경제적 부침이 심하지 않은 지역신문사에서 인력 감축, 즉 구조조정은 기본적으로 매우 낯선 환경이다. IMF

라는 전대미문의 경제위기를 예외로 하고는 인력 감축 요인이 별로 없는 것이 지역신문사였다. 지역신문사는 디지털 환경으로 변화하기 전까지는 급격하지는 않지만 꾸준한 성장세를 보여 현상 유지가 가능한 환경이었다.

하지만 근년 들어 한계상황에 직면한 지역신문사들은 인력 감축과 운영 축소를 통해 비용 절감을 시도해야 하는 환경에 직면했다. 이는 지역신문사의 뉴스 생산 능력을 약화시키고 지역사회 영향력도 줄어드는 결과를 낳고 있다.

중견기자들의 이직이 가속화되고 인력부족 현장이 고착화되면서 신문 제작 여건은 점점 더 나빠지고 있다. 기자가 1명 이직하면 새로운 기자로 보강되기보다는 기존 기자들이 업무를 나눌 수밖에 없는 환경이 되면서 업무량이 늘어나고, 기사나 콘텐츠 질이 하락하는 이중고를 겪을 수밖에 없는 환경이다.

재정적 어려움 속에서 지역신문사들은 뉴스 생산 비용을 절감하기 위해 기사(콘텐츠)의 퀄리티를 희생할 수밖에 없는 상황으로 내몰리고 있다. 이는 차별화가 안 된 단순한 정보전달 중심 기사 양산과 상대적인 심층분석 기사 소홀로 이어진다. 지역사회에 꼭 필요한 공기公器로서의 역할이 점점 취약해지고 있음을 의미한다.

지자체 광고 의존 심화

지역에서의 지속적인 광고시장 위축에 대안으로 등장한 것이 지방자치단체 광고 확대다. 광고수입 감소를 상쇄하려는 지역신문사와 지방자치단체와 단체장을 홍보하려는 이해가 맞물려 지역신문사에서 지자체 광고가 차지하는 비중은 지속적으로 증가하고 있다. 상업광고 수입의 감소를 지방자치단체(지자체) 광고로 대체하려는 경향을 보이고 있는 것이다.

먼저, 지역언론사들이 지자체 광고에 의존하게 된 이유는 상업광고 수입의 급감에 기인한다. 과거에는 지역신문과 방송이 지역기업과 자영업자들에게 주요 광고 매체로 인식되며, 안정적인 광고 수입을 확보할 수 있었다.

그러나 지역에 광고여력이 있는 기업이 점점 줄어들면서 지역신문은 지자체의 광고의존도가 높아지기 시작했다. 지역신문은 줄어든 광고수익을 지자체 홍보나 사업대행 등을 통해 메우고, 지자체는 껄끄러운 관계였던 지역신문사들을 홍보도구로 활용할 수 있어 상호 윈윈할 수 있기 때문이다.

여기에 더해 지역신문에 일정 부분을 할애하던 중앙정부나 대기업, 공공기관 광고는 어느 순간 자취를 감췄다. 신문광고 시장이 위축되면서 중앙정부나 공공기관 광고는 전국지 중심으로 재편됐고 대기업 광고도 전국지와 인터넷신문으로 이동한 상황이다. 결과적으로 지역신문이 낙수효과를 누렸던 중앙정부와 공공기관 대기업 광고를 이제는 더 이상 기대할 수 없는 환경에 처한 것이다.

나아가 IMF 위기로 지역기업이 몰락하면서 지역신문 광고 시장은 황폐화 그 자체라고 할 수 있다. 디지털 환경이 지역신문 광고시장의 몰락을 가속화한 측면이 있지만 근본적으로 지역신문 광고시장 생태계 자체가 무너지고 있는 상황에서 디지털 미디어 환경이 기름을 부은 꼴이라는 것이 정확한 진단이지 싶다.

지자체 광고와 저널리즘

이런 환경에서 지자체의 지역신문에 대한 광고 확대 자체를 무조건 잘못이라고 할 수 없다. 지역신문에 대한 지자체의 광고는 무작정 허용하는 것이 아니라 일정 요건과 기준을 설정해 하는 만큼 제도적으로 통제 가능한 범위에 들어있다고 할 수 있다.

지자체 정책이나 행정, 정보를 지역주민에게 제대로 알리기 위해 지역신문을 활용하는 것은 당연한 홍보전략이라 할 수 있다. 지역신문이 지자체 홍보를 위해 지면을 할애하고 인력과 장비를 투입하는 만큼 정당한 거래로 볼 수 있다.

하지만 문제는 그 이후부터다. 지자체와 지역신문 간의 관계가 지속되면서 저널리즘의 가치를 위협하는 환경에 노출될 수 있기 때문이다.

지역신문의 지자체 감시기능

지역신문 생태계를 논의하면서 심각하게 고민해야 할 지점이 앞서 언급했듯이 지자체에 대한 광고 의존도가 점점 커지고 있다는 점이다.

지방자치체도 실시 후 단체장을 견제할 수 있는 유일한 기관이 언론이라고 할 수 있는데 지역신문이 지자체 광고를 실으면서 감시와 견제기능이 약화될 수밖에 없고, 오히려 정책홍보지로 전락할 우려를 낳고 있다.

우리나라에서 지자체 실시로 광역단체장은 사실상 무소불위의 권력을 갖고 있다고 해도 과언이 아니다. 우리나라의 경우 정치성향이 지역적으로 뚜렷해 의회 다수당과 단체장의 정당이 같은 경우가 대부분이라 의회의 행정부 감시기능이 거의 작동하지 않고 있다.

여기에다 지역신문이 지자체 광고 의존으로 제대로 된 감시자 역할을 제대로 할 수 없으면서 민의전달에도 왜곡현상이 벌어질 우려가 많다.

지역신문에서 지자체의 광고비중이 적정선이라면 크게 문제될 것이 없다. 적정선이라는 개념이나 범위를 어떻게 규정하느냐는 문제는 있다. 어느 선까지 받으면 되고, 어느 범위를 넘으면 과도하거나 넘었다고 할 수 있을까? 학술적으로, 현상적으로 여러 설명이 가능하지만 내 기준으로는 '받아도 그만, 안 받아도 그만'

인 정도가 적정선으로 생각한다.

지자체 광고가 지역신문의 수익구조에 지나치게 많은 영향을 끼쳐서는 안 된다는 의미다. 특정 대기업이 특정 언론의 보도 내용에 불만을 품고 취재와 보도에 영향을 미치기 위해 관행적으로 해오던 광고를 하지 않는 경우를 가끔 보는데 이를 견딜 수 있는 언론사는 거의 없다. 우리나라 언론에서 대기업의 광고가 차지하는 비중이 적잖기 때문에 대기업의 '광고 위협'은 언론사에게는 생존이 달린 문제다.

지역신문의 경우 지역기업의 광고수요는 꾸준히 줄어들면서 그 공백이나 차액을 지자체가 메워온 것이 현실이다. 이는 지역신문에서 지자체 광고비중이 신문사 경영에 상당한 영향을 미치는 수준이 됐음을 의미한다. 지역신문이 지속적인 지역광고 시장 위축에 맞서 지자체 광고 비중이 늘어난 것은 생존차원에서 불가피한 측면이 있다. 지자체 입장에서도 지역신문의 위상변화는 지역 공론장 기능의 약화를 의미한다는 측면에서 건강한 지역신문의 존재는 중요하다.

하지만 지역신문에서 지자체 광고비중이 늘어나면서 지자체 감시기능이 위축되거나 약화되는 결과가 우려되고 있다.

우리나라 지역신문은 어떤 형식으로든 광고주에게 직간접적인 영향을 받을 수밖에 없는 구조다. 통상 주요 광고주들과는 연간 계약 형식으로 광고비를 책정한다. 물론 이 계약이 서면으로 확정되거나 하는 것은 아니다. 통상 '케이스 바이 케이스'로 신문에 광고가 실리면 그 대가로 광고비를 집행하지만 오랜 관행에 의해 매년 통상적인 광고비 범위가 정해진다.

광고주는 광고주대로 지역신문사는 나름의 계획에 의해 목표액을 정하고 상호 조율하는 방식이다. 기본적으로 기업 경영 사정이 나아지면 지역신문에 대한 광고비 지출을 늘이고, 그렇지 못하면 광고비를 축소하는 것이 일반적인 지역신문사와 광고주 간의 관계다. 비판적인 기사로 인해 광고주가 예정된 광고 집행을 미루기도 하지만, 기사로 인해 예정된 광고보다 더 광고를 집행하는 경우도 있다.

지역기업의 경우 특별한 경우가 아니면 지역신문사와 갈등국면에 놓일 경우는 잘 없다. 지역기업이 정상적인 활동을 할 경우 지역신문에서 지역 기업을 의도적으로 비판할 이유가 없기 때문이다. 소비자 관련 문제가 불거지거나 갈등, 도의적 문제 등이 아니면 지역언론은 지역기업에 별다른 관심을 가지지 않는다. 기업 광고의 경우 기업 이미지 제고와 기업 리스크 관리 차원에서 지역신문과 밀접한 관계를 가지고 있는 것이다.

지자체의 경우는 좀 성격이 다르다. 지자체가 지역신문에 광고나 기획성 기사를 후원(지원)하는 것은 공익성, 공공성, 효율성에 기반한 경우가 많다. 지역주민들에게 정책을 바로 알리고, 정보를 제공하고, 지역을 홍보하고, 지역민이 자부심을 가지도록 하고, 지역을 사랑하게 하는 등의 목적인 경우가 많다. 이런 목적으로 지자체와 지역신문이 공동보조를 취하는 것은 지역사회에 순기능적 측면이 강하다. 지자체, 지역언론, 지역주민 모두가 만족할 수 있는 윈윈의 상황이다.

하지만 지역신문은 이런 역할뿐만 아니라 지방자치단체의 행정과 단체장 감시 가능도 중요하다. 어찌 보면 더 본질적이고 중요한 기능이라고 할 수 있다. 지역신문이 지자체에 대한 광고 의존도가 차츰 늘어나면서 지자체는 이제 무시할 수 없는 광고주가 됐다는 점이 문제다.

지역신문이 가지고 있는 정상적인 비판과 감시기능을 하기 어려울 정도로 지자체의 광고 비중이 늘어난 것이다. 지역신문에 대한 광고가 지자체 의무 사항도 아니고 일종의 정책 홍보 성격이 짙기 때문에 광고집행 여부는 지자체의 재량범위가 넓다. 즉 지자체의 의지로 광고비 집행을 늘릴 수도, 줄일 수도 있는 것이다. 지자체는 특정 언론사 기사나 논조가 마음에 들지 않을 경우 지역 내 다른 언론사를 통해 정책 홍보 등을 하면 되기 때문에 기업에 비해 언론 통제성이 강하다고 볼 수 있다.

지역신문에 광고하는 것이 기업의 본질적인 활동영역에 포함돼 있다면, 지자체는 선택의 폭이 넓은 만큼 광고를 받는 지역신문의 입장에서는 예정된 지자체 광고 수입에 문제가 생기지 않도록 하기 위해 지자체에 대한 감시와 비판기능이 위축될 수밖에 없는 상황에 직면한 것이다.

따라서 지자체 광고 확대는 지역신문의 독립성과 공정성에 의문을 갖게 만든다. 지역언론사가 지자체 광고에 의존하게 되면서 지자체의 비리 보도나 정책 비판 보도를 하기 어려워졌다. 오히려 지자체의 허물은 외면하고 지자체가 바라는 홍보성 기사가 주요 지면을 장식하고 있다.

이는 언론의 독립성과 공정성에 대한 심각한 위협이며, 지역 주민들에게 신뢰할 수 있는 정보 제공과는 거리가 먼 행태다. 특히 지자체의 잘못된 정책이나 부정부패에 대한 비판적인 보도가 감소하게 되면, 지역사회의 민주주의 기능을 약화시키는 결과를 초래할 수 있다.

지자체 감시기능 취약 부작용

지역신문이 지자체에 대한 감시와 비판기능이 취약해지면서 상당한 부작용이 나타나고 있다. 언론의 취재와 기사화 과정은 신문사 내에서도 편집국 독립을 보장할 정도로 독립적으로 진행돼야 하는 것이 원칙이다. 그런 독립적인 편집국에 광고주, 권력자, 지자체 등 다양한 요소들이 취재와 기사화 과정에 개입하거나 영향을 미치기 위해 공개적이나 비공개적인 활동을 하고 있다. 이런 활동이 실제로 영향을 미치기도 하고 편집국 독립을 심각하게 훼손하는 경우도 생각보다 드물지 않다. 여러 가지 여건 악화에도 불구하고 지역신문의 편집국은 여전히 독립적인 위상을 유지하기 위해 노력 중이다.

하지만 지자체의 경우 편집국 내 가장 많은 기자들이 출입처로 두고 있고 본질적 취재활동이 집중된 출입처이기 때문에 여느 광고주와는 다른 위상을 갖고 있다. 한국기자협회 윤리강령에는 기자가 광고 유치나 신문 확장 등을 하지 못하도록 품위유지 규정을 두고 있다.

가장 우려되는 점은 감시 및 비판을 위한 취재 의지가 약화될 수 있다는 점이다. 지역신문이 특정 기관과 프로모션을 진행하는 경우 그 기관에 대한 감시가 느슨해질 수밖에 없다. 물론 중대한 문제가 불거지면 당연히 취재 및 기사화 과정이 진행돼야 하지만 통상적으로는 프로모션이 끝난 뒤 감시 및 비판기능이 정상적으로 작동한다고 보는 것이 합리적이다.

지자체의 경우는 어떨까? 지자체와의 경우 사실상 연중 프로모션이 진행되는 경우가 많다. 광역지자체의 경우 업무 자체가 종합행정이고 그 대상이 지역전체 주민 등 광범위하기 때문에 언론사와의 프로모션도 봄부터 시작해 회계연도 종료시점까지 연중 진행되는 경우가 많다. 그렇다 보니 정상적인 감시와 비판기능을 할 여건이 제대로 형성되기 어렵다. 지역신문의 지자체 광고 의존이 늘어나면서 어쩔 수 없이 생긴 환경이다.

이로 인해 지역신문의 감시기능이 약화되면서 지자체의 비리나 부패 행위가 언론을 통해 사전 스크린 되는 확률이 많이 줄어들 우려가 많다. 언론 자유화 초기, 지방자치제도 실시 초기에는 언론과 지자체가 긴장관계를 형성하면서 상시적으로 지자체에 대한 비판과 감시가 이뤄졌으나 해가 갈수록 약화되고 있는 실정이다. 당시에는 지역언론이 지자체로부터 받는 광고는 거의 없었고 언론 자유화 분위기 속에서 지방자치제도의 성공적인 안착을 위해 자율성이 늘어난 지자체가 제 역할을 하고 있는지, 지역 공무원의 마인드 전환이 이뤄지고 있는지, 민주적 자치행정이 진행되는지 등 광범위한 감시 활동과 비판기능이 작동했다.

하지만 지방자치제도가 제 궤도에 들어서고 단체장의 영향력이 확대되면서 지자체에 대한 지역신문의 비판과 감시기능이 위축되고 있는 국면에서 지역신문의 경영악화로 지자체 광고 의존이 늘어나 지역신문이 곤경에 처한 것이다.

언론이 앞장서서 지자체 정책에 대한 비판을 하기보다는 시민단체 등에서 먼저 이슈화된 뒤 지역신문이 이를 전달하는 형식의 보도, 심층분석 없는 단순 내용 보도 등은 지역주민에게 제대로 된 판단 근거를 제시하기 어렵다는 부정적 측면도 존재한다.

이는 지자체 정책의 왜곡을 초래할 수도 있다. 지역신문이 정책을 면밀하게 분석하기보다는 지자체 입장을 대변하는 기사를 쓴다면 지역주민들이 올바른 선택을 하는 데 걸림돌이 돼 주민들이 정책을 바로 이해하는 데 방해요인으로 작용할 수 있다. 감시와 비판기능이 활발하다면 주민의 입장에서 정책을 평가하고 문제점을 지적해 주민편의가 향상되는 정책 수립이 용이하다.

지역신문에 의한 정보의 불균형 전파도 우려되는 부작용 중에 하나다. 지역신문은 특정사안에 대해 주민들의 이해를 돕기 위해 다양한 관점에서 기사를 작성해야 하나 지자체 관점만을 강조한다든지, 긍정적인 면만 부각하고 부정적인 면은 외면하는 기사를 쓴다면 지역주민들이 객관적인 정보를 얻기 어렵다. 이는 주민들이 공정한 판단을 하기 어렵게 만들며 의도하지는 않았지만 억울한 피해자를 낳을 수도 있다.

이는 궁극적으로 지자체 정책에 대한 불신, 지역신문에 대한 신뢰를 무너트린다는 점에서 누구에게도 바람직하지 않은 상황이다. 공정하지 못한 기사가 지자체 정책에 대한 불신으로 이어지고, 그 과정에서 지역신문 또한 신뢰성에 금이 간다는 점에서 지역사회 커뮤니티에 상당한 부작용을 낳을 우려가 많다.

지역신문이 지자체의 입장을 강하게 대변한다고 해서 지역여론이 그렇게 흘러가기는 어려운 것이 지금의 뉴미디어 환경이고, 주민들이 접할 수 있는 올바른 정보매체도 많아 지역신문과 지자체 간 광고를 통한 상호협력은 한계가 있을 수밖에 없다.

오히려 지자체는 지자체대로 신뢰를 잃고 지역신문도 독자로부터 불신만 쌓이게 돼 지자체나 지역신문 모두 궁극적으로 이익보다는 손해가 많아 보인다.

지자체나 지역언론 모두 주민들로부터 신뢰를 얻는 것이 무엇보다 중요한 만큼 지자체 광고가 불가피하더라도 피해를 최소화할 수 있는 대안마련이 시급한 실정이다. 지역신문은 이런 경향이 강할수록 존립기반이 취약해진다는 점을 잊어서는 안 된다.

지역신문 기자가 현장 가기 어려운 아이러니

지역신문의 가장 큰 매력은 기자들이 지역밀착 취재를 통해 지역 주민들에게 중요한 정보와 소식을 전달한다는 점이다. 지역밀착 취재는 기자들이 지역사회와 밀접한 관계를 유지하며, 지역주민들의 목소리를 직접 듣고, 다양한 문제와 이슈를 심층적으로 다루는 데 기여한다.

지역신문이 자본과 네트워크를 앞세운 전국지들의 거센 공세를 버텨내고 궁극적으로 입지를 구축할 수 있었던 이유는 바로 지역신문 기자는 필요하다면 어디든지 즉시 달려갈 수 있는 취재 시스템을 구축하고 있었기 때문이다. 지역민들의 간지러운 곳을 구석구석 긁어 줄 수 있었기에 오늘날의 지역신문 위상을 확보할 수 있었던 것이다.

그러나 최근의 언론환경 변화로 인해 기자들이 현장 취재를 하기 어려운 상황이 되어가고 있다. 지역신문 기자가 지역을 취재할 여력이 없어지는 아이러니한 현상이 벌어지고 있는 것이다.

일차적으로는 지역신문의 재정난이 심화되면서 기자들의 업무부담이 가중돼 현장을 찾을 여건이 점점 사라지고 있다는 점이다. 지역신문은 IMF 이후 본격적인 경영난을 겪으면서 축소경영을 해오고 있었다. 발행 지면은 그대로거나 늘어나는데 기자는 오히려 줄어드는 경향을 나타낸 것이다. 그런 환경에서 디지털 환경의 도래는 기자들에게 온라인 기사 및 콘텐츠 생산이라는 새로운 역할이 주어졌다.

　과거에는 신문용 기사만 생산하면 되었으나 현재는 온라인 속보 기사와 온라인용 기사, 동영상 제작 등으로 현장에 갈 시간을 확보하기 어려운 환경에 처하게 된 것이다.

　지역신문은 여전히 하루 한 번 발행되는 종이신문 제작에 최우선 가치를 두고 있지만 달라진 미디어 환경을 외면할 수 없어 온라인 뉴스 공급과 동영상 콘텐츠 제작에 나설 수밖에 없는 환경이다. 그렇다 보니 제한된 취재 인력으로 종이신문 제작과 디지털 미디어 콘텐츠 생산까지 하면서 시간과 노력이 필요한 현장 취재 여건은 점점 악화되고 있는 실정이다.

　여기에 더하여 광고 수입 급감으로 인한 축소 경영의 여파로 기자인력이 감축되면서 기존 기자들의 업무 부담이 증가되며, 현장 취재에 할애할 수 있는 시간과 자원이 줄어드는 결과를 초래했다.

　이러한 환경 변화로 지역신문 기자들이 현장 취재를 하기 어려워짐에 따라 지역신문의 존재가치 하락이라는 심각한 부작용을 초래하고 있다. 지역신문의 가장 큰 경쟁력이라 할 생생한 목소리가 담긴 현장 취재 기사가 지면에서 사라진다면, 지역 독자들의 입장에서는 왜 지역신문을 구독해야 하는가에 의문을 가질 수밖에 없다.

　지역신문 기자들이 현장에 가기 어려운 환경이 된 것은 IMF 이후 가속화된 인터넷 발달로 지면은 늘어나거나 현상 유지를 하고 있는 데 반해 기자는 지속적으로 감소하고 있는 것이 가장 큰 요인이다. 기자의 업무량이 절대적으로 늘어난 것이다. 과거에는 기자가 취재를 위해서는 직접 만날 수밖에 없는 환경이었지만 지금은 이메일, 전화 등으로 자료를 주고받고 취재를 할 수 있는 환경이 되면서 기자 한 명이 담당하는 영역이 예전보다 넓어졌다. 예전에 10명이 하던 업무를 지금은 3~5명이 해도 되는 환경으로 바뀌면서 기자들은 인터넷으로 전해지는 온갖 자료를 읽고 분석하는 데 많은 시간을 보내고 있다.

또 실시간으로 전해지는 출입처 정보와 포털 및 SNS 정보를 확인하고 필요하면 신문사 웹페이지에 업로드해야 해 하루의 대부분을 노트북 앞에서 보내고 있는 실정이다. 결국 지역신문 기자들은 현장 취재를 통한 기사보다는 자료를 보고 정리하거나 보충 취재해서 기사를 쓰는 '앉아서 쓰는 기사' 위주로 돌아가고 있는 실정이다.

그렇다 보니 신문사 간 차별화된 기사는 보기 어렵고 전체적인 내용은 유사한데 부분적으로 조금 차이가 있는 비슷한 기사들이 양산되고 있다.

이는 기사의 퀄리티 하락은 물론 차별화도 실패해 지역신문의 존립기반을 심각하게 위협하고 있다. 지역신문의 장점인 구석구석 지역소식을 전하지 못하고 현장성 떨어지는 기사로 지면을 채우면서 지역신문은 지역주민에게서 외면받고, 지역주민들은 포털 의존성이 커져 지역신문 경영이 나빠지는 악순환의 고리에 들어간 양상이다.

지역신문의 웹 활용방식

그렇다고 지역신문이 웹 환경에 적절하게 대응하고 있는 것도 아니다. 디지털 혁명과 함께 웹의 중요성이 급격히 증가하고 있지만, 많은 지역신문이 웹을 제대로 활용하지 못하고 있는 현실에 직면해 있다.

가장 근복적인 문제는 아직도 '종이신문 우선 전략', 즉 '종이신문 퍼스트 전략'을 고수하고 있는 점이다. 종이신문이 먼저고 웹은 그다음이거나, 웹은 종이신문을 위한 서포트 기능으로 국한하고 있다.

디지털 전략이 확실하게 수립되지 않은 상황에서 섣부른 종이신문의 관심저하는 지역신문 존립기반 자체를 흔들 수 있다는 점에서 간단한 문제가 아니다.

빈틈없이 일일 제작 시스템으로 돌아가는 종이신문 제작에 대부분의 에너지를 투입하고 남은 여력으로 웹 기사를 작성하는 것이 많은 지역신문이 대응하고 있는 방식이다. 전통적인 지역신문의 존재 이유이기도 한 종이신문 제작을 위해 최적화된 인력 배치 및 시스템을 유지하고 웹 대응은 부수적인 것으로 취급하는 것이다.

그렇다 보니 편집국 인력 대부분이 종이신문 제작에 투입되고 있는 실정이다. 반면 웹 대응을 위한 인력은 최소한에 머물거나 전문성 있는 인력이 부족해 제대로 된 대응을 하기 어려운 구조다.

주기적으로 속보성 기사를 업로드하는 선에서 그치고 있고 페이스북, 인스타그램, 유튜브 등의 관리도 제대로 안 되고 있는 실정이다. 웹페이지가 활성화되기 위해서는 방문자와의 쌍방향 소통, 홈페이지 유입을 위한 다양한 콘텐츠 등을 공급해야 하는데 가독성이 높지 않은 기사들만 올라와 있어 주목을 전혀 끌지 못하는 것이 지역신문 홈페이지 관리 실태다.

또 웹을 운영하기 위해서는 시스템 구축, 전문인력 확보 등 기술적 인프라와 재원이 필요한데 그만한 여유가 있는 지역신문은 거의 없다. 설사 투자를 하더라도 당장 수익구조로 연결되지 않는 문제가 있어 웹 대응은 형식에 그치는 경우가 많다. 그렇다 보니 디지털 전환은 제자리고 과거와 같지는 않지만 종이신문으로 인한 수익은 꾸준하고 확실한 편이라 종이신문에 대한 집착을 버리기 어려운 여건이 형성되고 있다.

지역신문의 유튜브 대응

디지털 환경에서 지역신문이 가장 취약한 분야는 유튜브 대응이다. 전통적인 저널리즘의 가치를 중요하게 생각하는 지역신문은 유튜브가 가진 가치에 심리적 저항감이 크며 유튜브 콘텐츠 생산에도 근본적으로 부정적이다.

또 한편으로는 디지털 환경에 따라 유튜브 콘텐츠 생산에 나서고 있지만 기대 이하의 성과를 거두는 지역신문사들이 대부분이다. 디지털 혁명과 함께 유튜브와 같은 동영상 플랫폼의 중요성이 급격히 증가함에도 불구하고 지역신문이 유튜브를 제대로 활용하지 못하고 있는 현실에 직면해 있다.

유튜브가 국내 상륙한 이후 급속하게 인기를 끌면서 2024년 조사에 의하면 검색포털 1위를 차지했다. 그만큼 유튜브는 매력적이지만 지역신문으로서는 아직까지 제대로 대응하지 못하고 있다. 유튜브 구독자 10만을 넘긴 지역신문이 한둘에 불과하고 유튜브를 활용한 다양한 콘텐츠를 생산하지만 일회성 이슈에 그치는 경우가 많다. 상당수 지역신문은 전담부서를 두고 있지만 전문인력이 절대적으로 부족해 조직운용에 한계를 느끼고 있다.

가장 큰 문제점은 인력과 장비, 조직이 제대로 구축돼 있지 않다는 점이다. 종이신문이 가진 장점 가운데 하나는 기자가 신속하게 취재해서 기사를 쓸 수 있다는 점이다. 극단적으로 볼펜과 종이만 있으면 취재해서 기사를 쓸 수 있다. 대체로 취재기자 혼자 움직이기 때문에 신속하고 별다른 보조 인력이 필요없다.

반면 유튜브 제작은 시간, 인력, 장비가 총동원 돼야 콘텐츠 생산이 가능하다. 이 같은 시스템은 방송국에서는 익숙하지만 신문사로서는 굉장히 낯선 환경이다. 촬영-편집-콘텐츠 완성까지 시간이 걸리고 시간 투입 대비 결과물이 많지 않은 특성을 보유하고 있다.

무엇보다 아쉬운 점은 광활한 유튜브 세계에서 지역신문이 어떤 콘텐츠를 생산해야 할지에 대한 노하우가 별로 없다는 점이다. 취재경력이 풍부한 베테랑 기자는 영상이나 유튜브에 대한 이해가 깊지 않으며, 젊은 기자들은 유튜브에 대한 관심이 상대적으로 높지만 언론, 지역신문에 대한 이해가 부족하기 때문에 지역신문에서 생산해야 할 콘텐츠에 대한 이해가 전반적으로 부족하다.

그렇다 보니 지역신문의 유튜브 파트는 경력 전문가를 채용해 업무를 맡기는 지역신문이 많은 실정이다. 외부 전문가 시선으로 지역신문의 유튜브 기능을 활성화하기를 기대하고 있는 것이다.

하지만 이렇게 영입된 외부 전문가들은 신문사 조직에 대한 이해가 부족하고 시스템 적응이 쉽지 않아 편집국과 화학적 결합을 하는 데 상당히 애를 먹고 있다.

신문사 편집국은 어떤 면에서는 상당히 동질적인 인적구성이라 특유의 동류의식과 일체감을 가지고 있는데 유튜브 기자들에 대한 인식과는 차이가 있다. 편집국 기자들은 대부분 공채 출신이거나 다른 언론사에 근무하다가 이직한 경우가 많은데 신문사는 달라도 편집국에서 경력을 쌓은 공통점이 있다. 초년기자 시절 교육과정에서 비슷한 경험을 공유했기에 명시적이든 무의식적이든 이들만이 기자라는 인식을 공유하고 있다.

유튜브 기자의 경우 과연 같은 '기자' 로서 동류의식을 가지고 있느냐는 의문이 있다. 영상 촬영과 편집과정을 통해 생긴 결과물인 영상 콘텐츠를 같은 기사로 취급할 수 있느냐는 근본적인 문제의식이다. 유튜브가 우리 일상 속으로 파고들면서 신문사 입장에서는 그 필요성은 인정하지만 그 콘텐츠가 어떤 성격이고 종사자는 어떤 신분과 역할을 가져야 하는가에 대한 논의는 사실 제대로 이뤄지지 않았다.

영상팀에서 만든 콘텐츠가 편집국에서 생산한 뉴스와 같은 가치를 가지느냐, 그렇지 않느냐는 독자 입장에서는 별 의미 없는 논점으로 보일지 몰라도 지역신문 내에서는 상당히 중요한 문제일 수도 있다. 편집국 기자만이 뉴스를 생산해 오던 시스템에서 영상 중심의 콘텐츠가 실질적인 뉴스 기능을 하고 있는 현실에서 콘텐츠 기사와 영상 기사의 가치를 어떻게 생각하느냐 하는 문제다. 그리고 이 논의방향은 편집국과 디지털국(영상팀)과의 위상 문제도 걸려있지만 지역신문사마다 보는 관점이 달라 일관된 입장을 정리하기는 쉽지 않다.

이런 상황적인 문제와 함께 지역신문 대부분이 제대로 된 시스템을 갖추지 못하고 있다는 것도 한계다. 이 단계에서 과연 몇 명의 인력이 적정수준인가는 관점에 따라 다르지만 절대적으로 인력이 부족한 것은 사실이다. 장비 또한 아주 기초적인 것만 확보하고 있어 유명한 개인 유튜버보다 못한 장비로 콘텐츠를 생산해야하는 열악한 환경이다.

마인드 또한 문제다. 편집국 기자들은 본능적으로 기자 마인드가 있다. 사건이 터지거나 일이 생기면 데스크의 지시가 있기 전에 스스로 알아서 움직이고 취재에 들어가는 경우가 대부분이다. 기사가 되는 것인지 아닌지, 취재할 만한 것인지 아닌지, 내가 담당

할 분야인지 아닌지 등에 대해 본능적, 감각적으로 움직인다. 하지만 영상 기자는 이런 기자적 관점과 더불어 콘텐츠 생산관점을 같이 갖고 있어야 하기 때문에 편집국 취재기자와는 다른 환경으로 봐야 한다.

반면 여기에서 파생되는 문제는 영상 기자가 독자적으로 움직일 경우 이에 대래 제대로 된 가치 판단을 할 수 있는 사람이 신문사 내에는 흔치 않다.

영상 기자는 나름의 유튜브 전문가라서 유용한 콘텐츠를 생산했지만 신문사 내부의 이해가 부족해 신문사 콘셉트에 맞지 않는다고 업로드가 거부당하거나 편집 방향이 달라져 초기 의도와는 달리 전혀 다른 콘텐츠 결과물이 나오기도 한다. 편집국 기자들과 유튜브 기자들이 추구하는 방향이 달라서 생기는 혼란인데 앞으로 상호 이해를 통해 서로의 장점을 존중하고 독자성을 인정해서 공존하는 것이 최선의 방법이다.

지역신문에서 유튜브 콘텐츠가 주목받지 못하는 이유 중의 하나는 기다려 주지 않는다는 것이다. 콘텐츠 생산을 해서 유튜브에 업로드할 경우 즉각적인 반응으로 엄청난 조회를 기록하는 경우도 있지만 이런 케이스는 극히 예외이다. 대부분의 콘텐츠는 서서히 시간을 두고 콘텐츠가 축적되면서 꾸준히 구독자와 조회수가 늘어가는 것이다.

그런데 신문사는 유튜브 전문가가 없다 보니 이런 속성을 제대로 이해하지 못하고 이런 저런 간섭을 하게 된다. 그렇게 되니 이

것도 아니고 저것도 아닌 콘텐츠가 생산되는 경우가 많다. 방송국용 뉴스도 아니고, 유튜브 콘텐츠도 아닌, 그 중간 어디에 있는 듯한 어정쩡한 콘텐츠가 생산되는 것이다. 뉴스면 뉴스답게, 유튜브 콘텐츠면 콘텐츠답게 결과물이 나와야 하는데 뉴스도 아니고 콘텐츠도 아닌 그렇고 그런 콘텐츠가 생산될 수밖에 없는 것이 지금 지역신문이 안고 있는 현실이다.

나아가 특정 채널의 유튜브가 구독자들에게 각인되기까지에는 일정 시간이 필요한데 이 시간을 기다리지 못하고 채널 성격 변화를 너무 자주 하는 것도 문제다. 앞서 언급했듯이 이런저런 사정으로 전반적으로 지역신문 유튜브 생산 프로세스가 정상적이지 않은데 그나마 괜찮아 보이는 콘텐츠도 생명이 길지 못하다는 것도 한계다. 새로운 콘텐츠에 대한 구독자들의 제대로 된 평가를 받기도 전에 다른 콘셉트로 옮겨가 버리는 것이다. 이 새로운 콘텐츠도 또 얼마 기다려 주지 않고 중단한다. 새 콘텐츠를 선보인 뒤 조기 종료하고 다시 새 콘텐츠 만들고 또 종료하고 다른 새 콘텐츠 만들기 등 콘텐츠 생산과 폐지를 무한반복하고 있다. 이 과정에서 유튜브 알고리즘은 무너지고 유튜브 담당부서에 대한 기대는 저하되며 투자를 망설이게 되는 부작용을 낳고 있다.

지역신문의 소셜 미디어social media 활용

디지털 혁명과 함께 소셜 미디어social media의 중요성이 급격히 증가함에도 불구하고 많은 지역신문이 소셜 미디어를 제대로 활용하지 못하고 있는 현실에 직면해 있다. 기본적으로 지역신문은 아직까지도 소셜 미디어 활용 필요성을 별로 느끼지 못하고 있다. 소셜 미디어가 독자와의 중요한 소통 창구이고 상호 커뮤니케이션이 중요하다는 뉴미디어 환경의 중요성 또한 크게 인식하지 못하고 있는 실정이다.

알다시피 과거 언론, 즉 종이신문은 일방향성이다. 기자들이 꼼꼼히 취재하고 기사를 쓰면 데스크와 편집기자들이 빈틈없이 신문을 잘 만들어 독자들의 궁금증을 해소할 수 있도록 거의 완벽한 상태로 가정집까지 신문을 배달해 준다.

독자들은 종이신문에 대한 깊은 신뢰를 가지고 다음 날 신문을 기다리게 된다. 종이신문 구독자가 한번 구독하기 시작하면 특별한 일이 없는 한 장기구독을 하게 되고 신문사를 바꾸지 않는 이유도 그런 깊은 신뢰가 있기 때문이다.

신문사와 구독자 간에 보이지 않는 신뢰가 바탕에 깔려있고 제보나 민원, 기사에 대한 의문 등은 필요하면 신문사에 전화를 하면 해소되기 때문에 쌍방향 소통의 필요성이 크지 않았다. 그래서 신문에 문제가 생겨 한꺼번에 많은 독자가 이탈한다든가 하는 비정상적인 국면이 아니라면 신문사는 독자와의 쌍방향 소통에 크게 신경을 쓰지 않았다.

또 신문사는 독자가 알고 있는 이상의 정보를 바탕으로 확인된 사실만 기사로 담아내기 때문에 독자들이 궁금해하는 이상의 내용이 많아 독자와의 별도 소통의 필요성을 느끼지 않았다.

하지만 디지털 환경과 소셜 미디어 발달로 독자와의 소통 필요성이 커졌고 소통 방법도 쉬워졌는데도 불구하고 지역신문은 여전히 독자와의 상호소통에 소극적인 태도를 보이고 있다. 이유는 앞서 지적했듯이 과거의 인식에 사로잡혀 독자와의 소통 필요성을 느끼지 못하기 때문이다.

현재의 언론환경이 누구나 뉴스를 생산할 수 있고, 상호 정보 교환 및 피드백 등이 중요한 뉴미디어시대임에도 불구하고 지역신문은 여전히 과거의 가치관에 머물러 있다. 뉴미디어 환경에서 소셜 미디어를 통한 독자와의 소통이 필수불가결하다는 인식을 제대로 하지 못하고 있는 것이다. 기자들보다 더 많은 정보를 가진 독자가 있고, 기자들도 잘 알지 못하는 영역에 대한 새로운 흐름이 생기는 등 환경이 변화하였다.

또 한국언론의 정파성이 심해지면서 정치적 이슈 등 민감한 기사에 대한 독자들의 댓글 내용을 정파적으로 보고 달갑지 않게 여기는 분위기다. 기사내용을 전체적으로 잘 이해하지 못한 독자가 주장하는 댓글에 응해야 할 필요성을 크게 느끼지 못하고 있는 것이다.

또 기자가 소셜 미디어social media를 활용하기 위해서는 상당한 시간을 들여야 하는데, 그럴 만한 여유가 없다는 점도 문제다. 가뜩이나 바쁜데 본질적이지 않은 소셜 미디어에 시간낭비할 여유가 없다는 것이다.

신문사 내에서도 기자들이 소셜 미디어를 활발히 하는 것에 대해 곱지 않은 시선이 있는 것도 부담이다. 소셜 미디어로 독자와 소통한다고 생각은 하지만 시간낭비 또는 엉뚱한 짓이라는 시선도 있어 기자들의 소셜 미디어 활동을 소극적이게 만들고 있다.

회사차원에서 소셜 미디어 관리도 기자들의 시각과 별반 다르지 않다. 기본적으로 종이신문 제작과 홈페이지 관리 외에 소셜 미디어에 대한 관심이 별로 없다. 뉴스 전파에 종이신문과 웹페이지만 신경 쓸 뿐 소셜 미디어 활용에는 큰 비중을 두지 않고 있다. 콘텐츠 성격에 따라서는 소셜 미디어가 더 효율적인 수단임에도 불구하고 이에 대한 관심은 거의 없는 실정이다. 물론 소셜 미디어 활동이 언론의 본질적인 기능이 아니라고 할 수는 있으나 지금의 디지털 환경에서는 그 중요성이 증가하고 있음을 간과하고 있다.

그렇다 보니 지역신문에서 소셜 미디어 관리인력은 전문가를 배치하기보다는 기존인력이 본연의 임무에 더해 부수적인 업무를 하는 경우가 많다. 소셜 미디어 대응을 안 할 수는 없어 기존 인력을 활용해 기사나 사진을 올리는 소극적인 대응만 하고 있다.

디지털 미디어 환경에서 양방향, 쌍방향 소통이 중요함에도 이를 소홀히 하면서 해당 신문에 관심이 있거나 애정 있는 독자들로부터도 외면받는 상황이 전개되고 있는 것이다. 독자와 소셜 미디어를 통해 서로 활발히 소통하고, 독자의 의견을 반영하는 등 독자참여 기회를 확대하는 전략이 절실한 실정이다.

지역신문 생태계 붕괴 부작용

앞서 지적한 지역언론이 안고 있는 여러 가지 문제는 궁극적으로 지역신문 생태계 붕괴로 이어지고 있다. 실제로 지역에 신문이 사라지면 어떻게 될까? 신문의 정보 독점성이 깨지고, 지역신문을 대체할 다양한 뉴미디어가 등장하고 있는 현실에서 지역신문의 존재가치는 그리 크지 않아 보인다. 지역독자, 특히 젊은이들이 지역신문을 외면하고 있고 지역신문의 여론 주도기능도 과거에 비해 크게 위축된 상태에서 지역신문이 사라진다고 지역사회에 큰 부작용을 미치지 않을 것이라 생각할 수도 있다.

하지만 지역신문의 생태계가 붕괴되었을 때 발생할 수 있는 부작용은 매우 심각하다. 지역신문의 생태계 붕괴는 지역신문만의 문제가 아니라 지역사회 지속가능성에 빨간불이 켜졌다는 점에서 지역민 모두가 진지하게 고민해야 할 문제다.

지역신문이 존재해야 할 이유

지역신문이 왜 있어야 하는지, 지역신문이 지역에 미치는 영향이 무엇인지, 지역에서 어떤 존재이기에 꼭 필요한 것인지에 대해서 생각해 보면 그 답을 알 수 있다.

일반적으로 자신들이 살고 있는 지역에 대해 자신은 잘 알고 있다고 믿는다. 하지만 실상은 그렇지 못한 경우가 많다. 태어나고 자란 지역이라 모든 게 익숙하고 잘 알고 있다고 생각하지만 정작 그 주변, 그리고 자신의 일상 정도만 알고 있는 게 사실이다. 일반 지역민은 그렇다 치고 공무원이나 경찰, 대학교수 등도 마찬가지다. 자신이 살고 있는 지역에 대해 직업적 관점을 벗어나기 어렵다.

그렇게 지역 구성원들은 자신과 주변의 이야기는 잘 알지만 자신과 별 관계없는 지역의 다른 분야는 알기가 쉽지 않다. 그런 지역민들을 연결시키고, 소통하도록 하며, 공론장을 형성하도록 하는 게 지역신문의 역할이다. 지역신문은 기본적으로 지역에 관련된 대부분의 영역을 취재 범위로 하고 있기 때문에 지역사회 전반에 이해가 깊고 현안문제에 정리된 관점도 가지고 있다. 물론 지금은 웹 등을 통해 지역민들이 궁금해하는 정보를 예전보다는 쉽게 찾을 수 있고 접근하기도 쉬워졌지만 지역신문이 가진 정보력에는 미치지 못한다.

특히 외부에서 지역에 대한 궁금증이 생기거나 이해가 필요할 때 지역신문은 큰 역할을 한다. 정보의 바다라고 할 인터넷에는 온갖 정보들이 돌아다니지만 믿을 만하고 정확한 정보는 그리 많지 않다. 그 지역에 대해 정확하게 알고 싶을 때 지역신문 기사만큼 유용한 정보를 제공할 수 있는 곳은 없다. 지역에 신문이 있고 없고는 엄청난 차이를 보이는 것이다.

지역신문은 특히 지역에서 발생하는 사건이나 사고 등을 신속하게 보도함으로써 주민들이 지역에 대한 올바른 이해를 바탕으로 합리적인 결정을 내리는 데 도움을 준다. 사소한 동네 행사에서부터 각종 축제 정보, 행사 정보, 민원 정보, 교통 정보 등 일상생활에 필요한 다양한 정보를 제공하는 것도 지역신문의 몫이다.

하루하루 일상은 큰 변화가 없어보이지만 실상 지역사회는 여러 가지 갈등 요인이 내재돼 있고 만성적인 불합리한 점들도 지역민들은 잘 인지하기 어렵다. 하지만 지역신문은 이 같은 문제들에 지속적인 관심을 가지고 보도함으로써 문제를 지적하고 공론장을 형성하며, 이를 바탕으로 더 나은 지역사회를 위해 해결책을 제시하기도 한다.

지방자치제 실시 이후 행정기관의 주민서비스는 많이 향상되고 있지만 아직도 불합리한 행정규정이나 조치가 많고 복지 서비스 사각지대에서 어려운 삶을 살아가는, 사회적 돌봄이 필요한 주민들도 많다. 이런 주민들의 목소리를 보도하고 개선책을 제시해 행정서비스 향상을 유도하는 것도 지역신문의 몫이다.

지자체의 정책과 행정행위를 감시하고 비판하는 기능도 지역신문의 역할이다. 지방자치제 실시 후 지자체와 단체장을 견제하고 감시할 수 있는 기능은 사실상 지역언론이 유일하다. 우리나라 정치 지형의 특징상 지역의 경우 의회와 단체장이 같은 정당이 대부분이고 설사 야당이 있다고 하더라도 소수에 그쳐 제대로 된 견제기능을 하기 어려운 구조다. 이런 환경에서 지역신문의 지역자치단체 행정 감시 및 비판기능은 중요하고, 행정의 투명성과 공정성을 확보하는 데도 큰 역할을 한다.

지역신문은 이 같은 가치를 유지하기 위해 안간힘을 쓰고 있다. 하지만 지속된 경영악화로 편집국 인력 감축과 왕성한 활동을 할 중간 허리층 젊은 기자들의 이탈, 신규 인력 수급의 어려움 등으로 취재환경과 편집시스템 등 신문 제작 환경이 과거에 비해 상당히 열악해졌다. 그래서 편집국장을 비롯한 국장단과 데스크들은 부족한 기자들의 몫까지 채워가며 지면을 제작하느라 상당한 격무에 시달리고 있다.

현장의 여건은 더욱 힘들다. 동료기자가 떠난 빈 출입처를 나눠서 맡아야 하고 온라인 기사도 공급해야 하며, 하루하루 지면 채우기가 급급할 정도로 과부하 상태다. 그런 악조건 속에서도 기자들은 그동안 지역신문이 추구해 온 저널리즘의 가치를 지키기 위해 에너지를 쏟아붓고 있는 실정이다. 지역신문 편집국은 이 같은 악조건에도 면면히 이어져온 지면의 퀄리티를 지키기 위해 마치 성전聖戰을 치르듯 비장한 각오로 하루하루 최선을 다하고 있는 실정이다.

지역신문이 지역에서 사라진다면 이런 기능을 할 수 없다. 상상 이상의 환경으로 변하게 된다. 지역주민들은 일상적인 정보도 파악하기 어려워져 정보접근성이 나빠지고, 지역사회에 대한 주민들 간의 공유 및 연대기능이 약화되는 등 일일이 열거하기 어려울 정도의 부작용이 예상된다. 있을 때는 잘 느끼지 못하지만 없어지면 일상생활이 불가능할 정도로 우리 사회 구석구석에 엄청난 영향력을 갖고 있는 것이 지역신문임을 잊어서는 안 된다.

제 3 장

대안 모색

이미 생태계 붕괴가 시작된 지역신문을 살릴 방법은 있을까? 지역신문을 생태계 붕괴 위기에서 벗어나게 할 대안은 있는 것일까? 아무리 어렵다고 해도 설마 지역신문이 사라질까? 이런 의문을 가질 수도 있다. 상황이 개선되지 않는다면 지역신문 생태계 붕괴와 폐간은 시간문제로 보인다. 설사 지역신문이 버틴다고 해도 정상적인 기능과 역할을 수행하기 어려운, 최소한의 역할만 할 가능성이 많다.

반면 현재의 위기를 극복하고 지역신문이 과거의 위상을 되찾는다면 지역사회는 어떻게 변할까? 지역신문이 4차 산업혁명시대 디지털 전환을 성공적으로 이루고, 줄어들던 유료 구독자를 다시 회복할 수눈 없을까? 또, 외면받던 젊은이들로부터도 신문의 존재 가치를 인정받고, 지역 밀착형 기사로 지역민들과 함께 호흡하는 지역지가 될 가능성은 없을까? 종이신문의 단순한 뉴스 전달 체계에서 진화해 웹사이트를 적극 활용해 실시간 뉴스를 제공하고, 텍스트 중심 기사 제공에서 탈피해 동영상과 인터렉티브 뉴스, 생활 정보 제공 등 다양한 콘텐츠를 생산할 수 없을까? 지역민들과 실시간 소통하며, 지역사회의 플랫폼 기능을 하는 종합미디어그룹으로의 성장 가능성은 없을 것인가?

지역신문의 존폐기로에서 수십 년 동안 축적돼 온 뛰어난 신문 제작 시스템을 밑거름으로 해서 이 시대가 요구하는 디지털 전환을 성공적으로 이뤄 지역신문이 다시 지역민에게 꼭 필요한 공기公器로 다시 태어날 수는 없을까? 이런 고민을 안고 어떤 노력을 기울여야 지역신문이 생태계 붕괴 위기에서 벗어나 지역민이 원하는 지역신문의 위상을 되찾을 수 있는지 그 해법을 찾아본다.

뛰어난 제작 시스템을 갖고 있는 지역신문

지역신문이 그동안 지역에서 꼭 필요한 공기公器의 역할을 할 수 있었던 것은 뛰어난 취재능력을 가진 현장 취재기자들과 편집기자, 그리고 탄탄한 제작 시스템을 구축했기 때문이다. 어느 뉴스매체와 비교해도 차별화되는 지역신문이 가진 장점이다.

당연한 이야기 같지만 지역신문사는 매일 신문을 발행할 수 있는 제작 시스템을 갖추고 있다. 오늘 일어난 정치, 경제, 사회, 문화, 체육 등 우리 지역사회의 모든 일들을 다음 날 아침에 독자들이 일목요연하게 볼 수 있도록 신문을 발행할 수 있는 매우 신속하고 효율적인 제작 시스템을 갖추고 있다. 이런 제작 시스템은 하루 아침에 구축된 것이 아니라 수십 년간의 축적된 노하우를 바탕으로 신문제작에 가장 최적화된 시스템을 갖추었기 때문에 가능한 일이다.

지역신문은 독자들이 원하는 뉴스를 공급하기 위해 지역의 다양한 매체 가운데 가장 많은 기자를 보유하고 있다. 정치, 경제, 사회, 문화, 체육 등 사회 각 분야를 바둑판처럼 나눠서 빈틈없는 취재 시스템을 갖추고 있으며 도 단위 시·군 지역에도 기자가 활동하고 있다. 지역사회 구석구석의 다양한 정보를 파악할 수 있는 시스템을 갖추고 있어 이를 대체할 조직은 사실상 없다고 할 정도로 독보적인 시스템을 갖추고 있다.

특히 대형 사건이나 재난 상황 등 낯설거나 긴박한 상황에 지역신문의 가치는 더 빛난다. 지역민들이 혼란스럽거나 불안해할 때 올바른 정보를 제공해 상황대처 능력을 키운다든지, 지나친 우려로 불안감을 갖지 않도록 하는 중요한 역할을 수행한다.

제작 시스템 또한 뛰어나다. 신문 제작은 프로세스를 단순화하면 취재-기사 작성-편집-교열-인쇄-배달로 완성된다고 볼 수 있다. 이 과정에서 어느 한 단계라도 문제가 생기면 신문 제작 시간이 늦어지는 문제가 생길 수 있다. 하지만 이런 제작 시스템에 실제로 문제가 생겨 신문 제작이 정상적으로 되지 않는 경우는 거의없다.

영남일보에 30년 이상 근무했지만 신문 제작에 차질을 빚은 기억은 없다. 눈이 오나, 비가 오나, 태풍이 부나, 정전이 돼도 신문은 늘 정상적으로 발행됐다. 매일 신문이 발행되니까 쉽게 제작할 수 있어서라고 생각할지 모르지만 수십 년간 축적된 제작 노하우의 결정체가 매일 새롭게 접하는 신문인 것이다.

지역신문의 현실

그럼 본격적으로 지역신문 생태계를 건강하게 하기 위한 해법을 모색해 보자. 지역신문이 가진 가장 안타까운 현실은 혁신의 필요성, 디지털 전환의 중요성, 투자 필요성을 절감하면서도 투자할 재원이 없다는 점이다. 지속적인 수익감소로 직원들 월급 주기조차 빠듯한 현실에서 미래를 위한 투자재원을 확보하는 것은 사실상 불가능하다.

또 하나는 신문사 재정 구조상 장기투자는 불가능에 가깝다는 점이다. 인건비 비중이 절대적인 지역신문 회계 구조상 기업의 R&D처럼 투자재원을 확보해 나가는 것이 쉽지 않다. 나아가 웹과 유튜브, 디지털 전환 등에 투자를 하더라도 이 같은 투자가 당장 수익으로 연결되지 않는다는 문제가 있다.

디지털 전환에 필요한 투자금액이 상당하지만 투자 효과가 불확실하고, 한두 번이 아닌 지속적인 투자가 필요하다는 점에서 재정압박에 시달리는 지역신문이 투자에 나서기는 현실적으로 불가능한 구조다. 그러다 보니 변화가 필요함에도 혁신에 소극적인 자세를 보이고 있고, 결과적으로 시대에 뒤처지는 양상으로 나타나고 있다.

이처럼 디지털 전환을 위한 투자재원 부족은 지역신문의 가장 큰 장애물이다. 디지털 기술은 빠르게 발전하고 있으며, 이를 따라잡기 위해서는 막대한 투자가 필요하다. 새로운 소프트웨어와 하드웨어를 도입하고, 직원들에게 필요한 교육을 제공하며, 웹사이트와 모바일 애플리케이션을 개발하고 유지하는 데 드는 비용은 생각보다 크다. 이러한 현실에서 지역신문은 인건비 등 경상비 지출 규모가 많고, 수입의 대부분은 광고에 의존하기에 막대한 비용을 감당하기 어렵다. 재정적 압박은 디지털 전환을 주저하게 만들고, 이는 곧 경쟁력 저하로 이어지고 있는 실정이다.

지역신문이 설사 디지털 전환에 성공하더라도 즉각적인 수익을 기대하기 어렵다는 점도 문제다. 웹사이트와 유튜브 채널, 기타 디지털 플랫폼에 투자하는 것은 장기적인 관점에서 필요한 일이지만, 단기적인 수익 창출로 이어지지 않는 경우가 많다.

디지털 콘텐츠는 무료로 제공되는 경우가 많아 독자들이 유료 구독을 꺼리는 경향이 있다. 또한, 온라인 광고 시장은 포화 상태에 이르렀고, 대형 포털 사이트나 글로벌 플랫폼이 대부분의 광고 수익을 차지하고 있다. 이러한 상황에서 지역신문이 수익을 창출하기란 쉽지 않다.

기사냐? 콘텐츠냐?

지역신문 편집국은 오랜 전통과 역사 속에서 신문 제작을 중심으로 운영되어 왔다. 하지만 디지털 환경의 급격한 변화 속에서 편집국은 여전히 기존의 신문 제작 방식에 지나치게 많은 에너지를 투입하고 있다. 인력의 대부분, 제작 시간의 대부분을 하루 한 번 발행되는 신문 제작에 투입하고 있는 것이다.

경영악화 등 여러 요인으로 인력부족을 겪고 있고 과중한 업무에 시달리고 있는 현실에서 신문 제작에 전력투구를 하는 것은 상대적으로 온라인 등 디지털 환경에 대한 대응미흡이나 부족 현상을 초래할 수밖에 없다.

즉 이러한 방식은 디지털시대에 적응하기 어려운 구조적 문제를 내포하고 있다. 물론 여건이 어렵더라도 아직은 주력 매체인 종이신문의 가치를 소홀히 할 수 없으며, 디지털 전환이 제대로 안된 상태에서 종이신문의 퀄리티마저 떨어질 경우 지역신문 기반 자체가 무너질 수 있다는 점에서 충분히 이해가 가는 측면이 있다.

하지만 종이신문의 한계가 점점 가시화되는 현실에서 대안 없이 기존 업무방식을 고수하는 것은 더 큰 위기를 불러올 수 있다는 점에서 현명한 대처가 요구되는 시점이다.

지금의 업무 프로세스에 집착할 경우 디지털 대응에 실패할 수 있다는 점에서 변화된 환경에 적응하기 위해서는 기자들이 '기사 생산'이라는 개념에서 벗어나 '콘텐츠 생산'이라는 새로운 개념으로 업무 패러다임의 전환이 필요하다는 생각이다.

디지털시대에는 다양한 플랫폼과 채널을 통해 뉴스가 소비된다. 전통적인 종이 신문은 더 이상 독자들이 뉴스와 정보를 접하는 유일한 수단이 아니다. 웹사이트, 소셜 미디어, 유튜브, 팟캐스트 등 다양한 채널이 등장하면서 뉴스 소비의 방식도 변하고 있다.

따라서 기자들은 더 이상 단순히 신문 지면을 채우기 위한 기사를 작성하는 데 그치지 않고, 다양한 디지털 플랫폼에 맞는 콘텐츠를 생산해야 한다. 이는 텍스트뿐만 아니라 이미지, 동영상, 인포그래픽 등 다양한 형태의 콘텐츠를 포함한다.

현실적으로 과중한 업무에 시달리는 지역신문 기자 환경에서는 다른 나라 이야기로 들릴지도 모르지만 어떤 식으로든 디지털 전환은 필요하다는 점에서 해법을 찾아나가야 할 시점이다.

특히 디지털 콘텐츠 생산은 전통적인 기사 작성과는 다른 접근이 필요하다. 기사 작성은 주로 텍스트 기반이며, 일정한 구조와 형식을 따르는 경우가 많다. 그러나 디지털 콘텐츠는 독자의 관심을 끌기 위해 보다 창의적이고 혁신적인 접근이 필요하다. 예를 들어 짧고 강렬한 제목, 시청각적 요소를 활용한 동영상, 독자의 참여를 유도하는 인터랙티브 콘텐츠 등이 요구된다. 이는 기자들이 기존의 기사 작성 방식을 넘어선 새로운 기술과 도구를 익히고 활용해야 함을 의미한다.

전통적인 지역신문의 가치로 보면 디지털 뉴스 콘텐츠를 과연 '기자가 취재하고 작성해야 할 기사'라고 할 수 있는지 비판할 수도 있다. 디지털 콘텐츠는 기사가 가진 전통적인 가치와는 다른 가치와 형식을 띠고 있기 때문에 '기사 답지 않은 기사' 또는 '기사가 아닌 것'으로 인식될 수도 있기 때문이다.

하지만 새로운 미디어 환경은 전통적인 '검증되고 확실한 기사' 제공과 더불어 기사가 가진 정보와 교양, 오락 등 다양한 목적을 가진 콘텐츠도 유통된다는 면에서 지역신문이 기사 생산에만 관심을 가지고 콘텐츠 생산을 소홀히 하는 것은 뉴미디어 환경에서 경쟁력을 상실할 우려가 많아 보인다.

전통적인 편집국 제작 방식은 취재기자가 기사를 작성하고 편집기자가 이를 편집해서 신문 제작을 한다. 기사에 사진이 첨부되기는 하지만 큰 비중을 갖고 있지는 않다. 주로 텍스트 위주로 작업된다. 시각적으로 부족한 부분은 편집기자가 도표나 그래픽을 활용해 보완한다. 결론적으로 텍스트 중심 지면제작 시스템인 것이다.

그러나 디지털 콘텐츠를 생산하기 위해서는 텍스트 중심의 기사 생산 방식의 개선이 필요하다. 텍스트 위주 기사 작성과 편집은 뛰어난 신문 제작 시스템과 매칭이 되는 기사 생산 방식이지만 콘텐츠 생산은 좀 더 복잡한 생산과정을 거쳐야 한다. 텍스트 기사에 영상을 붙이거나, 텍스트 기사 자체를 영상으로 전환하거나, 텍스트 기사에 빅데이터 분석을 하거나 하는 과정을 거쳐 디지털 콘텐츠가 생산된다. 이 작업을 위해서는 협업이 필요하다.

현재 신문 제작 시스템을 단순하게 보면 취재기자가 기사를 작성하면 편집기자가 편집을 하고 이 과정에 교열기자가 문장을 검증하는 순서로 사실상 분업 시스템으로 진행되기 때문에 특별한 협업과정이 필요하지는 않다.

하지만 디지털 콘텐츠 생산과정은 취재기자, 영상 촬영 및 편집기자, 데이터 분석 및 그래픽 디자이너, 소셜미디어 담당자들 간에 협업 시스템이 필요한 것이다. 물론 기자 혼자 이런 과정을 다 할 수도 있지만 1인 미디어가 아닌 이상 시스템적으로 협업체계를 마련하는 것이 중요하다.

편집국의 혁신

21세기 언론환경은 디지털 전환, 인공지능(AI), 빅데이터, 소셜미디어의 확산 등으로 인해 급격하게 변화하고 있다. 지역신문의 편집국도 이러한 변화에 적응하고 혁신을 통해 경쟁력을 강화해야 한다. 이를 위해 편집국 혁신이 어떤 방향으로 진행되는 것이 바람직한지 살펴보자.

강력한 필요성에도 불구하고 편집국 혁신은 지난한 과제다. 기본적으로 신문사 편집국 시스템은 종이신문 발행에 가장 최적화된 구조를 갖추고 있다. 효율적인 취재 시스템과 편집과정, 인쇄 및 배달에 이르기까지 톱니바퀴 돌아가듯 잘 짜여져 있다. 편집국 혁신이 필요한 시점에서 기존 편집국 시스템의 장점을 설명하는 이유는, 어떤 조직이든 기존 조직에 문제가 생겨야 시스템 개편 필요성을 인정하고 내부 혁신이 진행될 수 있는데 신문사 편집국은 여전히 성공한 시스템이라는 점을 강조하기 위해서다.

그런 만큼 편집국 내부 구성원들은 혁신의 필요성을 느끼지 못하고 있으며, 외부의 혁신 시도에 무관심하거나 심리적 저항감을 가질 수 있다. 뭔가 잘못된 게 있어야 개선을 하는데 특별한 문제 없이 잘 돌아가는 편집국을 혁신하자고 하니 선뜻 동의하기가 쉽지 않은 것이다. 오히려 섣부른 혁신으로 안정적인 편집국 시스템을 흔들 수 있어 편집국 혁신 문제는 내부 구성원들의 동의를 얻기도 어려운 환경이다.

설사 장기적 관점에서 편집국 혁신의 필요성을 인정하더라도 그 시점이 지금이라기보다는 좀 더 가시적으로 확실한 변화의 요인이 생길 때 추진해도 늦지 않다는 인식이 많다. 하루하루 쳇바퀴처럼 돌아가는 편집국 시스템에 섣부른 변화를 시도하는 것은 당장의 혼란을 불러온다는 점에서 신중을 기하는 것이다.

또 하나 고려할 것은 신문 제작을 둘러싼 내외부 환경이 급변하고는 있지만 현실적으로 아직은 여전히 종이신문이 주력인 만큼 편집국 시스템 변화는 시기상조로 볼 수도 있다는 점이다. 아직까지는 지역신문의 주된 뉴스공급 방식이 종이신문이고 수익의 대부분도 광고를 통해 창출되고 있어 신문 제작을 소홀히 할 수 없다는 것이다. 이런 상황적 측면 때문에 지역신문의 편집국 개편 필요성에도 불구하고 혁신에 잰걸음을 보이고 있는 이유다.

하지만 종이신문의 한계가 점점 확실해지는 상황에서 마냥 편집국 혁신을 늦출 수만은 없다는 점에서 혁신이냐 아니냐의 논쟁은 무의미해 보인다. 다만 편집국 혁신으로 예상되는 부작용을 최소화하기 위해 혁신의 방향과 강조, 방법 등 실천적 대안 마련에 세심한 주의를 기울여야 할 것으로 보인다.

편집국 혁신의 현실

지역신문 편집국 혁신이 필요함에도 실제로 혁신이 거의 이루어지지 않는 이유는 우선 재정여건이 큰 장애물이다. 지역신문은 대부분 재정적으로 어려운 상황에 처해 있다. 광고 수익 감소, 구독자 수 감소, 인건비 등 경상경비 증가 등으로 인해 재정적 압박을 받고 있다. 이러한 상황이기에 투자 대비 수익 창출이 불투명한 새로운 기술 도입을 망설이게 되고 기자들 교육을 할 여력도 부족한 것이다.

혁신을 위해서는 초기 비용이 많이 드는데, 이는 재정적으로 어려운 지역신문사에게는 큰 부담이다. 기술적 인프라 부족도 큰 문제다. 디지털 전환을 위해서는 기술발전에 맞춰 지속적인 투자를 해야 하는데 디지털 인프라를 구축하는 것이 만만찮은 과제다. 많은 지역신문은 디지털 관련 인프라를 거의 갖추지 못하고 있다. 그 때문에 디지털 전환이나 빅데이터 분석, 인공지능 도입 등 혁신적인 시도를 하기가 어렵다.

전문 인력 부족 또한 심각한 문제다. 신문사는 기자가 핵심인데 기자가 아닌 전문가가 기사를 생산하고 이를 지면이나 웹에 반영하는 것에 대한 저항감이 크다. '기사는 기자가 써야 한다', '면면히 이어져온 방식으로 교육을 받은 기자만 믿을 수 있다'는 의식이 깔려있다. 그렇기 때문에 데이터 분석 전문가, 소프트웨어 개발자, 디지털 콘텐츠 제작자 등과 화학적으로 결합되지 않는 것이 문제다.

더구나 이들 인력들을 확보하기 위해서는 급여 등에서 기자보다 더 나은 대우가 필요하기도 해 전문인력 확보 자체가 어려운 실정이다. 지역신문은 이러한 전문인력을 확보하기가 거의 불가능하다. 능력 있는 기존의 기자 인력 유출 문제도 심각한데, 우수한 인력을 유치하거나 유지하기가 어려운 구조다.

조직 문화와 구조의 경직성도 중요한 요인이다. 신문사 편집국과 조직 시스템은 짧게는 수십 년, 길게는 100년 가까이 운영되고 검증된 가장 효율적인 신문 제작 시스템이다.

적정인력을 투입해 가장 효율적으로 신문을 제작할 수 있는 시스템을 갖추고 있어 오류를 발견하기가 어렵다. 지역신문은 이 같은 검증된 시스템 속에서 전통적인 조직 구조와 문화를 가지고 있어 변화의 필요성도 크게 느끼지 않고 있으며, 변화에 대한 저항이 크다. 혁신을 위해서는 유연한 조직 구조와 창의적인 조직 문화가 필요하지만, 이를 구축하는 데 시간이 걸리고 많은 노력이 필요하다.

　교육과 훈련의 부족도 문제다. 전통적인 기자수습 과정은 면면히 이어져 오고 있지만 기술 혁신을 위한 지속적인 교육과 훈련에는 무관심하다. 많은 지역신문이 기자나 직원들에게 충분한 교육과 훈련을 제공하지 못하고 있는 현실이다. 이는 디지털 전환을 더디게 만들고 새로운 언론 환경에 대한 적응을 힘들게 하는 요인이 된다.

편집국 혁신의 파괴력

　4차 산업혁명의 특징 가운데 하나는 변화와 혁신의 흐름에 뒤처지기 시작하면 좀처럼 이를 극복하기 어렵다는 점이다. 20세기와 21세기 초반까지만 해도 후발주자는 시장 선도자라고 할 퍼스트 무버First Mover를 빨리 따라잡는 패스트 팔로어Fast Follower 전략이 통용됐으나 4차 산업혁명이 본격화되면서 패스트 팔로어의 입지는 급격히 좁아지고 있다. 4차 산업혁명은 예전에 비해 기술발전 주기가 짧은 데다 기술혁신범위도 광범위해 패스트 팔로어가 퍼스트 무버를 따라잡을 시간적 여유가 주어지지 않는 환경이 됐다.

　그 때문에 패스트 팔로어가 퍼스트 무버를 따라잡았다고 할 시점에 이미 퍼스트 무버는 또 다른 혁신기술로 새로운 퍼스트 무버가 되기 때문에 패스트 팔로어가 퍼스트 무버를 추격하기는 사실상 불가능하다. 결국 4차 산업혁명시대는 파괴적 혁신을 통해 퍼스트 무버의 지위를 확보해야 생존 가능성이 높아진다고 할 수 있다.

신문사 또한 마찬가지다. 종이신문이 전성기를 구사하던 2000년대 이전까지만 해도 신문산업의 기술수준은 퍼스트 무버였다. 어느 산업 못지않게 신속한 의사결정체계와 정보수집 및 분석, 취재 및 기사 작성 시스템을 구축해 경쟁력을 확보할 수 있었다.

하지만 인터넷 및 모바일시대가 도래했음에도 종이신문은 전통적인 시스템을 고수함으로써 뉴미디어에서 올드미디어로 전락했다. 디지털 전환이라는 시대적 흐름에 제대로 적응하지 못해 언론시장 주도권을 뉴미디어에 빼앗겨 버린 것이다.

앞서 지적했듯이 여러 가지 요인이 복합적으로 작용했지만 4차 산업혁명으로 촉발된 디지털 전환의 흐름을 과소평가하고 인터넷 및 모바일 환경에 맞는 새로운 생태계 구축에 실패한 것이 결정적인 이유로 분석된다.

이미 시장 지배력을 상실한 종이신문이 예전의 시장 지배력을 되찾기 위해서는 혁식적인 노력이 뒷받침돼야 한다. 어느 한 분야만이라도 뉴미디어를 능가하는 경쟁력을 가지는 것이 무엇보다 중요하다.

복잡한 뉴미디어 환경에서 신문사 전체가 디지털로 전환해 종합적인 경쟁력을 가지는 것은 이론상 가능할지 몰라도 현실적으로는 불가능에 가깝다. 특정 분야의 성공적 디지털 전환, 파괴적 혁신을 통해 퍼스트 무버의 입지를 확보하는 것이 일차적으로 중요해 보인다. 이 성공 경험을 바탕으로 나머지 분야의 혁신을 단계적으로 진행해 하나하나 퍼스트 무버의 입지를 다져가는 전략이 필요하다.

전략적으로 가능하다면 편집국 혁신이 가장 파괴력이 크다고 할 수 있다. 신문사는 사실 편집국이 신문사 전력의 절대비중을 차지하고 실질적 잠재력을 가진 혁신인력을 가장 많이 보유하고 있다. 신문사 내 기획실, 경영기획실, 미래전략기획실 등 소위 기획·전략부서가 혁신의 중추적인 역할을 맡아야 하지 않느냐고 반문할 수 있지만 신문사의 구조상 이들 부서가 혁신을 주도하기에는 한계가 많다.

편집국 혁신의 가장 큰 추동 요인은 구성원 다수가 이대로 가서는 안 된다는 변화의 필요성을 공유하는 것이다. 기자들은 하루하루 현실에서 최선을 다해 신문을 제작하는 업무스타일이지만 사회변동이나 산업흐름의 변화를 직감적으로 인식하는 능력이 뛰어나기 때문에 혁신 필요성에 대한 공감대가 형성된다면 어느 조직보다 빨리 추진동력을 확보할 수 있다고 생각한다.

문제는 그 혁신의 씨앗을 어떻게 심어주느냐인데 지역신문의 여건상 가장 어려운 과정으로 보인다. 혁신 마인드를 심어주기 위해서는 외부 디지털 환경 변화의 흐름을 이해하고 이를 지역신문 현실에 적용할 사내 전문가가 필요한데 지역신문 조직 구조상 그만한 전문가를 찾기 어렵다.

아니면 오너가 강력한 드라이버를 걸 수도 있는데 이 또한 확신을 가지고 디지털 전환을 추진하기에는 모험이 따른다. 가까운 미래에 디지털 전환이 필요하다는 점은 인정하고 있어도 그 방법과 전략은 선례도 없고, 외부 자문도 크게 기대할 수 없어 생각보다 디지털 전환이 쉽지 않은 환경이다.

다소 시간이 걸리더라도 디지털 전환에 대한 공감대 형성과 추동력 확보를 위해서는 지속적인 교육 외에 별다른 대안이 없어 보인다. 신문산업의 특성상 외부 전문가나 컨설팅 그룹이 정책대안을 제시하거나 자문을 하는 데는 한계가 있어 결국 자체적으로 추진할 수밖에 없는 것이 지역신문이 안고 있는 현실이다.

지속적인 교육과 외부 환경 변화에 대한 모니터링 등을 통해 편집국 구성원 간 변화의 필요성을 공유하고 이를 단계적으로 추진할 수 있는 내부조직을 구축하는 것이 가장 현실적 대안으로 보인다.

기자들에게 필요한 교육으로는 빅데이터 분석, 디지털 콘텐츠 제작, 소셜 미디어 활용 등 최신 기술과 관련된 지식 등이 있다. 이를 통해 내부 인력의 역량을 강화하는 것이 현실적인 대안이라는 생각이다. 또한, 우수한 인재가 이탈하지 않도록 다양한 근무여건 개선을 위해 노력해야 한다. 유연한 근무 환경 제공, 조직 문화 개선, 개인 역량 강화 등을 통해 기자와 직원들의 사기를 높여야 한다.

조직 문화와 구조의 혁신도 중요하다. 기존의 수직적인 조직 구조에서 벗어나 유연한 조직 구조를 도입하는 것이 필요하다. 이를 통해 기자들이 보다 자율적으로 일할 수 있게 하고, 빠르게 변화하는 환경에 대응할 수 있게 해야 한다. 창의적인 조직 문화를 조성하여 직원들이 자유롭게 아이디어를 제시하고, 이를 구현할수 있는 환경을 만드는 것이 중요하다. 실패를 두려워하지 않고 새로운 시도를 장려하는 문화가 필요하다.

나아가 편집국 내에서의 협업과 커뮤니케이션을 강화하는 것이 중요하다. 이를 위해 협업 시스템을 구축하고, 온라인망 등을 통해 정보를 공유하는 시스템을 구축해야 한다. 기자, 편집자, 디자이너 등 다양한 역할의 직원들이 협력하여 더 나은 콘텐츠를 제작할 수 있도록 해야 한다.

여기에다 현실적인 문제로 투자재원 마련의 어려움이 뒤따른다. 지속적인 수익 감소로 이미 상당기간 축소 경영을 해오고 있는 것이 대부분의 지역신문 실정이라 디지털 전환에 필요한 투자재원을 마련하는 것이 쉽지 않다. 디지털 전환을 위해 투자를 하더라도 당장 수익으로 직결된다고 보장하기도 어렵다. 오히려 급격한 기술발전으로 앞선 투자에 대한 수익창출 전에 새로운 투자를 해야 하는 상황이 전개돼 자칫 재정압박을 가속화할 수도 있는 딜레마적 상황에 있다.

외부지원의 방법과 필요성

지역신문의 디지털 전환은 그동안 신문사 자체에 맡겨둔 경향이 있으나 이는 지역신문 생태계 붕괴를 가속화할 수 있다는 점에서 대안마련이 시급하다.

지역신문사는 기본적으로 자기 약점을 이야기하거나 외부 지원을 요청하는 데 익숙하지 않다. 지역신문의 역할이 지역의 공기公器로서 감시와 견제기능을 하다 보니 정작 자신의 부족한 부분을 인정하고 드러내는 것을 망설이게 된다. 또 지역신문사 간에는 생리적으로 경쟁심리가 발동해 신문산업 발전을 위해 공동보조를 하거나 단체행동을 하는 데도 한계가 있다. 서로 알아서 하는 각자도생各自圖生의 경향이 강하다. 이런 속성들이 지금의 디지털 전환기에 지역신문산업을 더욱 위기로 몰아넣고 있는 요인으로 작용한다.

디지털 전환이 그동안의 신문산업 변화나 혁신과는 근본적으로 다른 차원에서 진행되고 있는 만큼 지금까지의 관행을 버리고 지역신문사 간 협력을 통해 정부와 지방자치단체의 정책적 지원을 받는 것을 심각하게 고려해야 할 시점이다.

현재 정부에서 시행하고 있는 지역신문을 위한 지원제도는 한국언론진흥재단과 지역신문발전위원회를 통한 취재지원 및 공공 프로젝트 지원, 시스템 개선 및 기자재 지원 등이 있는데 지원예산이 턱없이 부족한 데다 지원도 지속적이기보다는 단기지원, 특정 목적지원, 일회성 지원에 그쳐 한계가 많은 실정이다. 지원이 없는 것보다는 나아 보이지만 이 지원으로 지역신문의 여건이 나아질 것을 기대하기는 어렵다.

지역신문사별로 매년 받는 지원금이 있다. 차이는 있지만 전체적으로 약간의 비용 부담을 줄여주는 정도에 불과해 지역신문 생태계 붕괴를 막기에는 역부족이다. 지금의 지원제도도 안정적이지 못해 예산삭감과 사업폐지 등이 연례행사처럼 일어나고 있어 정부의 지역신문 지원정책에 대한 진정성을 의심케 한다.

현재 지역신문이 안고 있는 디지털 전환의 고민을 해결하기 위해서는 정부와 지방자치단체의 체계적이고 실질적인 지원이 필요하다. 지역언론에도 일정비율(50%)을 할당해야 한다. 왜냐하면 지역신문의 위기가 기본적으로는 수도권 집중에 의한 지방침체에 있는 만큼 정부가 광고를 집행함에 있어서 지역균형발전, 지역소멸 방지, 지역언론 생태계 구축 등의 명목으로 정부광고를 지역언론으로 확대해야 한다.

또 하나 지적하고 싶은 것은 공공기관의 광고 집행도 수도권과 지역언론에 균형을 맞춰야 한다는 점이다. 정부의 감시·감독을 받는 공공기관은 관할 부처의 방침에 의해 거의 수도권 언론 위주로 광고를 하고 있다. 하지만 공공기관의 서비스 대부분이 전국 단위임을 고려하면 지역언론에 더 많은 광고를 하는 것이 형평성이나 논리에 맞다.

특히 지역혁신도시로 이전한 공공기관은 우선적으로 지역언론에 광고를 하도록 제도를 바꿔야 한다. 혁신도시 이전 공공기관들은 지역으로 이전을 했지만 업무 프로세스는 예전과 같아 사실상 몸(근무지)만 지역혁신도시로 이전한 것에 불과하고 정신(업무)은 예전 그대로이다.

혁신도시가 속해 있는 지역사회와 최소한의 형식적인 커뮤니티만 형성하고 대부분의 업무와 광고 집행 등은 혁신도시 이전 관행을 고수하고 있다. 그래서 혁신도시 이전으로 인한 지역낙수 효과는 기대보다 축소된 실정이다. 혁신도시 공공기관이 지역사회와 결합되지 못하고 겉돌고 있는 이유 가운데 하나다. 지역혁신도시로 이전한 공공기관이 진정하게 지역사회와 화학적 결합을 하기 위해서는 'Local First', 'Local Press First', 'Local Newspaper First' 정책을 추진해야 한다.

또 한편으로는 대기업 광고도 일정 비율 지역언론에 배정되도록 해야 한다. 모두 알다시피 우리나라 100대 기업 대부분의 본사가 수도권에 집중돼 있고, 1천대 기업으로 확대해도 지방 소재 기업 비율은 얼마 되지 않는다. 사실상 큰 광고주는 대부분 수도권에 집중돼 있어 이들 기업집단은 대부분 수도권 언론을 위주로 광고를 진행한다.

인터넷신문에 대한 광고비중도 점점 높아지고 있는데 인터넷 광고효과와 더불어 리스크 관리차원으로 보인다. 결국 우리나라의 특수한 환경인 권력의 중앙 집중과 대기업의 수도권 집중으로 인한 피해를 지역언론이 입고 있는 실정이다. 이런 구조적 모순을 그대로 두고는 지역언론, 지역신문이 위상을 되찾기는 불가능하다.

앞에 언급한 것이 일반적인 광고정책에 대한 평가라면 디지털 전환 관련한 정부와 지방자치단체의 지원에 대해서 좀 더 이야기해보고자 한다. 우선 강조하고 싶은 부분은 지역신문의 디지털 전환 문제에 개별 신문사 차원의 문제가 아니라 지역신문 생태계의 인프라 구축, 시스템 구축이라는 측면에서 접근해야 한다는 점이다.

지역신문은 그 중요성에도 불구하고 우리나라 정치·행정·경제체제의 불합리로 인해 고사 직전에 있다. 특단의 대책이 세워지지 않을 경우 지역언론 생태계 붕괴는 시간 문제다. 지금 지역언론이 안고 있는 문제의 본질이 정부정책 실패나 무관심으로 인한 것인 만큼 정책 당국은 지역언론에 대한 문제를 직시할 필요가 있다.

지금의 지역언론 문제가 구조적인 원인에 있는 만큼 해법 또한 정책적 판단으로 제시돼야 할 사안이지 개별 지역언론사에 맡겨둘 문제가 아니다. 그런 측면에서 정부나 지자체의 지역언론에 대한 지원은 언론생태계를 바로잡는 데 필수불가결한 요소로 보인다. 지역언론이 제 역할을 할 수 있는 건전한 생태계가 구축되도록 하는 것이 개별 언론사나 언론계만의 책임이라기보다는 국가적 정책차원의 과제라는 점을 강조하고 싶다.

연장선상에서 디지털 전환도 지역언론사만의 문제가 아니라 국가나 지방자치단체 차원에서 정책대안을 마련해야 한다. 디지털 전환은 언론사 생태계를 근본적으로 변화시키는 대한민국 언론 역사에서 전무후무한 혁신임을 고려하면 미래지향적 관점에서 정책설계를 할 필요가 있다.

지역언론이 디지털 전환을 통해 지역 커뮤니티 형성에 중요한 역할을 한다면 지역혁신을 통한 지역소멸 위기도 벗어날 수 있다고 생각한다. 반대로 디지털 전환을 정책적 지원 없이 지역언론사에 맡겨 둔다면 개별 언론사로서는 버거운 상황에 처할 수밖에 없다. 지금 대부분의 지역신문사 상황을 볼 때 제대로 된 디지털 전환은 사실상 불가능해 보인다.

이로 인해 만약 지역신문사 생태계가 붕괴된다면 그 피해가 지역사회, 나아가 국가 전체에 미칠 것은 자명하다. 지역신문에 정책지원의 필요성을 느끼지 못한다거나 명분이 없다는 판단에 이를 방치하는 것이 결과적으로 어리석은 선택이 되리라는 점은 불을 보듯 뻔한 일이다.

지금 진행되고 있는 4차 산업혁명이 예전에 경험해 보지 못한 상황으로 진행되고 있고, 디지털 전환 또한 우리 사회에 미칠 파장이 만만찮은 혁신성을 갖고 있는 만큼 기존의 언론환경 기준에서 정책입안을 하는 것은 미래사회를 내다보지 못한 근시안적인 선택이자 적절하지도 않은 선택이다. 정부와 지방자치단체가 미래지향적 관점에서 지역신문 정책에 대한 국면전환이 필요하다.

기존 편집국 시스템의 장점

기자-팀장(차장)-부장-편집국장으로 이어지는 편집국 조직 시스템은 전통적으로 신문 제작 시스템에서 기사의 오류를 줄이고자 엄격한 검증을 위해 여러 단계 확인 과정을 거치는 구조다. 또한 신속한 업무처리가 중요한 신문 제작에서 일사불란하게 지시사항이 전달되고 빠른 피드백을 받을 수 있는 매우 효율적인 시스템이다.

1일 신문 제작 시스템을 유지할 수 있는 가장 효율적인 조직 구조가 편집국이다. 이 편집국 시스템은 취재기자들이 사회 전 분야를 빈틈없이 취재하도록 설계돼 있고 경력이 많은 기자가 기사 비중이 높은 출입처를 맡아 지면의 안정성을 담보하고 있다.

취재기자들은 아침 일찍부터 취재활동에 들어가 기사발제를 하고 팀장이나 차장, 부장, 국장 등 선배로부터 취재지시를 받고 보충 취재를 해서 당일 기사를 마감하는 업무 프로세스를 갖고 있다. 대부분의 취재기자는 당일 취재 당일 출고를 해야 해서 신문이 발행되는 5일 동안은 숨 쉴 틈 없이 돌아간다.

데스크(부장)와 국장단은 취재기자가 발제한 기사에 대한 검토를 거쳐 보완 지시를 하거나 취재 방향을 바꾸기도 하고, 취재기자들이 놓친 아이템을 추가하기도 하는 등 신문 제작에 깊이 관여한다. 보통 오전과 오후 회의를 통해 전체지면에 대한 구상과 기사배치를 하고 출고기사를 데스킹하는 등 역시 숨 쉴 틈 없는 시간을 보내고 있다.

편집국장이 주재하는 데스크회의는 매일 독자들에게 어떤 메시지를 전달할 것인가 방향을 정한다는 점에서 가장 큰 중요성을 가진다. 시시각각 변화하는 지역사회의 흐름 속에서 맥락을 짚어내고 독자들에게 필요한 정보와 메시지를 전달한다는 점에서 통상 편집국장은 편집국에서 가장 유능하고 감각을 갖춘 기자로 평가받는다. 신문사 전력의 전부라고 할 수 있는 편집국을 통솔하고 지면제작에 필요한 의사결정을 하고 기자들의 인사권까지 가지고 있어 그 영향력은 매우 크다. 편집국장 출신 한 선배가 '신문사 편집국장은 오케스트라의 지휘자와 같다'는 말을 한 적이 있는데 적절한 비유라 생각한다.

신문 제작에 있어 내근을 하는 편집기자들의 역할도 중요하다. 기자들의 여러 기사들을 잘 배치해서 가독성 높은 지면을 구성한다. 기본적으로 좋은 재료(기사)가 있어야 요리(편집)를 잘 할 수 있지만 지면 제작에 있어 편집기자들의 역할은 생각보다 지대하다. 기사의 가치를 돋보이게 하고 독자들이 기사를 이해하기 편하도록 지면을 잘 구성하는 것이 본연의 임무다. 신문 제작 과정에서 취재도 중요하지만 편집기자의 역할도 빼놓을 수 없다.

신문 제작에 참여하는 기자들로는 이들 외에 교열기자와 사진기자가 있다. 교열기자의 역할은 취재기자들이 쓴 기사(원고)나 편집기자들의 제목 등의 오류를 찾아내고 이를 바로잡는 역할을 한다. 과거 인터넷이 없던 시기나, 지금에도 신문 제작 과정에 오류를 없애기 위한 교열과정이 매우 중요하다. 신문 제작에 오·탈자가 걸러지지 않고 그대로 지면에 나갈 경우 신문사의 권위가 실추되고 기사의 신뢰도가 떨어지는 만큼 후유증이 상당하다. 그렇기 때문에 신문제작과정에서 오·탈자를 없애기 위해 이중 삼중 사중의 확인과정을 거치는 등 꼼꼼하게 신경 쓴다. 이렇게 엄격한 검증과정을 거치더라도 뜻하지 않은 제작 사고가 나기도 해 편집국장이 경질되는 경우도 드물게 일어난다.

사진기자는 텍스트 위주의 신문 제작에 없어서는 안 될 중요한 부분을 차지한다. 100여 년 전 근대적인 신문 태동기에는 거의 사진 없이 텍스트와 한두 컷 만화가 실리는 것이 전부였으나 카메라의 등장과 인쇄술이 발전하면서 사진의 비중은 점점 커져 현재는 지면제작에 있어 상당히 중요한 위치가 되었다. 사진 한 컷이 기사보다 더 강한 메시지를 전달하고 독자들에게 강렬한 이미지를 남긴다는 면에서 사진의 중요성을 결코 간과해서는 안 된다.

달라진 언론 환경

그러나 21세기 언론환경에서는 기존의 전통적인 편집국 시스템보다 효율적이고 유연한 구조가 필요하다는 의견이 많다.

지금까지 가장 뛰어난 조직 시스템이었던 편집국 체제는 21세기 뉴미디어 환경에서는 기존의 장점이 단점으로 작용할 수 있기 때문이다. 기존의 기자-팀장-부장-편집국장으로 이어지는 업무 프로세스는 여러 단계의 검토 과정을 통해 기사의 정확성을 높이는 데 기여했다. 또 일사불란한 체계를 갖춤으로써 단일한 가치체계를 가진, 지면의 통일성을 구축할 수 있다. 그러나 이러한 구조는 취재 후 기사가 반영되기까지의 과정이 느리고, 변화하는 미디어 환경에 신속하게 대응하기 어렵다는 단점이 있다.

기존 편집국 체제는 1일 신문발행 체제에 최적화된 시스템이다. 1일 신문발행 체제라도 신문사 간에 특종이나 속보경쟁은 당연히 치열하지만 정확성과 심층취재의 비중을 무시할 수 없다. 그러나 21세기 미디어 환경은 이러한 가치와 시스템에 근본적인 변화를 몰고 왔다.

신문 취재기자들의 경우 지면 제작뿐만 아니라 웹 환경에 적응해야 하는 현실에 직면하고 있다. 예전에는 특별한 사건이 없는 한 오전부터 발제-취재-기사 작성-지면 반영의 신문 제작 프로세스였다면 이제는 사실상 하루 종일 웹 환경에 대응해야 할 정도로 큰 환경변화를 맞고 있다.

지역신문의 경우 지속적인 경영악화로 기자 인력이 점점 줄어들고 있다. 지면 제작도 버거운 이러한 환경에서 웹 기사에 대응해야 해 업무량이 상상 이상으로 늘어났다. 여기에다 실시간 웹 환경에 대응하기 위해서는 취재 및 기사 작성, 기사 업로드 단계가 매우 신속하게 진행돼야 하는데 지금의 편집국 프로세스는 확인 과정이 너무 길고 복잡해 웹 환경에 대응하기 어려운 구조다.

신문 제작 시스템은 앞서 언급했듯이 취재지시도 단계적으로 진행되고 기사 작성 및 반영도 정확성을 기하기 위해 여러 단계의 확인과정을 거치고 있다. 이 프로세스를 거쳐 웹에 기사를 업로드하면 속보성 경쟁에서 뒤처지는 결과를 낳을 수 있다. 그렇기 때문에 지금과는 다른 편집국 시스템이 불가피한 실정이다.

그렇다고 취재기자가 곧바로 자신의 기사를 업로드하는 것도 문제다. 기자 1인의 판단에 의존을 할 경우 오탈자, 기사 완성도, 팩트체크 등 여러 단계에서 부실하거나 문제가 생길 수 있기 때문에 기사의 퀄리티가 떨어질 우려가 많다. 결과적으로 기사의 퀄리티를 유지하면서도 신속하게 웹에 업로드할 수 있는 편집국 시스템의 변화가 필요하다.

개선방안

개선방안은 두 가지 관점에서 고려돼야 한다.

하나는 웹 기사와 지면제작용 기사 작성에 합리적인 시스템을 구축하는 것이다. 신문 제작 시스템은 기본적으로 기사를 한꺼번에 출고하고 이를 모아서 전체적인 지면배치를 한 뒤 제작-인쇄-배송과정을 거친다. 그날 쓴 취재기자들의 기사를 보고 비중과 중요도에 따라 기사를 배치하는 것이다. 그러다 보니 아침 일찍 일어난 일도 밤늦게 일어난 일도 다음 날 같은 지면에 실린다. 본격적인 제작에 들어가는 오후 3시부터 밤 9시까지 편집국 전 인력이 풀 가동해 업무가 한꺼번에 집중된다.

반면 웹 환경에서는 전체 기사의 비중이나 중요도보다는 타이밍이 중요하다. 신속하게 기사를 업로드하는 시스템이 필요한 것이다. 실시간으로 소식을 전한다는 점에서 신문 제작과는 전혀 다른 시스템이 필요하다는 이야기이다.

지역신문사는 이에 대응하는 방식으로 여러 가지를 시도하고 있다. 이에 앞서 지역신문사의 웹과 지면에 대한 가치를 설명하면서 지역신문사는 여전히 종이신문 제작에 무게중심을 두고 있다는 점을 강조한 바 있다. 웹이 중요하기는 하지만 아직은 종이신문이 더 가치가 있고, 종이신문 제작을 소홀히 할 수는 없다는 것이 대체적인 시각이다.

현실적으로 웹 환경을 무시하는 것은 아니지만 웹 환경에서 실질적으로 광고수익이 거의 없기 때문이기도 하다. 그렇다 보니 기존 편집국 조직 시스템을 유지하면서 웹 기사 대응체계를 구축하는 방향으로 나아가는 신문사들이 대부분이다. 그 형식은 인터넷뉴스부나 디지털뉴스팀 등 별도 조직을 만들어 여기에 소속된 기자들이 일차적으로 속보성 웹 기사에 대응하도록 하는 것이다. 이들 기자들은 웹에서 주로 주목도 높은 기사를 재가공하는 수준에서 속보성 기사를 올리고 있다.

지역신문의 위상에서 이런 노력을 기울이지만 이로 인한 조회수나 댓글 등 반응은 미미한 수준이다. 우리나라 국민들의 뉴스소비가 대부분 포털을 통해 이뤄지는 만큼 지역신문 홈페이지를 직접 방문하는 독자들은 거의 없기 때문이다. 그렇더라도 지역신문이 이를 외면할 수는 없어 최소한의 대응을 하고 있다. 이들 부서 기자들이 1차 대응을 하고 나면 관련 분야 담당 취재기자가 그 이후 기사에 대응하는 방식이 일반적인 스타일이다.

또 다른 방식은 각 부서별로 돌아가면서 속보성 대응을 전담하는 것이다. 오늘은 사회부 기자 중에 1명이, 내일은 경제부 기자 중에 1명이 대응하는 방식인데 기자들의 웹 기사 당직제도로 보면 될 것 같다. 이럴 경우 데스크들도 돌아가면서 웹 당직을 하며 취재기자들의 기사를 웹에 업로드하고 편집국장에게 상황보고하는 시스템으로 돌아간다. 이와 같은 편집국 차원의 당직 시스템을 부서 단위로 도입해 운영하기도 한다. 각 부서 기자들이 매일 순번을 정해서 해당 부서와 관련된 온라인 기사를 담당하는 것이다.

위의 방식들은 기존 종이신문의 제작 시스템에서 인력손실을 최소화하면서 웹 환경에도 대응하기 위해 불가피한 선택이다. 종이신문 퀄리티를 소홀히 할 수는 없으며, 그렇다고 웹 환경을 무시할 수도 없는 고육지책이다. 이들 방식은 결과적으로 종이신문 제작 손실 없이 웹 환경에 최소한의 대응을 하는 방식으로 대부분의 지역언론이 운용하고 있다.

아주 드문 케이스이지만 종이신문 제작을 책임지는 편집국과 별도로 아예 웹 편집국(디지털국)을 신설하는 경우도 있다. 편집국은 예전처럼 종이신문을 제작하고 디지털국은 웹 전용 기사만 생산하는 경우이다. 이는 사실상 1개 언론사 2개 매체로 봐야 할 정도로 기능적으로 독립돼 활동하도록 하는 시스템이다.

편집국은 전통적인 저널리즘 가치를 존중하면서 종이신문을 제작하고 신설된 디지털국은 웹 환경에 적합한 기사 및 콘텐츠를 생산하는 구조다. 이 경우는 편집국과 디지털국 간의 갈등요소가 내재돼 있다. 기능과 역할은 비슷해 출입처 중복문제가 생기고 주도권 다툼도 불가피해 구조적으로 갈등을 내포하고 있는 시스템이다. 또 종이신문이 추구하는 가치와 기사는 웹에서 추구하는 가치, 기사와 달라 갈등구조는 한층 복잡하다.

위의 시스템들은 결과적으로 종이신문 제작이 주된 업무고 웹 기사는 최소한의 대응에 그친다는 점에서 본질적으로 큰 차이는 없다. 종이신문 제작에 전력하면서 잠시 짬을 내거나 해서 웹 기사를 생산하는 방식이다. 기사 내용도 독자적인 기획 취재보다는 속보성이나 주목도 높은 기사를 재가공하는 형식이라 형식적인 웹 환경 대응이라고 할 수 있다.

예외적인 경우로 지역신문사가 웹 퍼스트 정책을 통해 디지털국에 더 많은 비중을 두고 편집국은 취재기능보다는 종이신문 제작에 중점을 두는 방식으로 운영을 할 수도 있다. 디지털국 중심으로 웹 기사와 콘텐츠를 생산하고 편집국은 이 웹 기사 가운데 종이신문에 반영할 만한 기사를 골라 신문으로 제작하는 것이다.

이 시스템은 취재기자 대부분이 디지털국 소속으로 변하고 웹 중심 기사를 생산한다는 점에서 혁신적인 시도로 보인다. 다만 아직까지 여전한 종이신문의 가치를 상대적으로 소홀히 한다는 면에서 자칫 두 마리 토끼를 다 놓칠 우려도 있다. 그리고 기본적으로 기존 시스템보다 인력 수요가 많다는 점에서 대부분의 지역신문사에서는 현실적으로 도입하기 어렵다.

21세기 이상적 편집국 시스템

고려해야 할 다른 하나는 앞서 잠시 언급했지만 지면 기사와 웹 기사가 추구하는 방향이 다르다는 점이다.

종이신문은 기본적으로 기존 정치, 경제, 사회, 문화 등 기존 사회 중심의 출입처를 통해 이들 기관이나 관련된 기사생산이 중심이다. 출입처 중심으로 소스를 발굴해 취재하고 기사를 쓰는 방식이다. 이 방식은 기본적으로 사회적 다양성이 부족하고 관의 영향력이 클 때 적합한 취재 시스템이다. 정보를 사실상 독점하고 있는 관 중심으로 돌아갈 수밖에 없는 20세기 후반까지 가장 효용이 높았다고 볼 수 있다.

사회가 성숙하면서 시민사회 등 사회적 다양성이 증가하고 있는 21세기 환경에 적합한지는 검토가 필요하다. 특히 21세기 들어 4차 산업혁명으로 인한 디지털 전환이 가속화되면서 전통사회 시스템보다는 역동성 있는 현 시대와 호흡할 수 있는 취재 시스템에 대한 연구가 필요하다.

웹 환경에서는 종이신문과는 다른 관점의 기사와 콘텐츠가 인기를 끌고 있고 기사와 함께 콘텐츠 생산도 중요한 비중을 차지한다. 검증되고 다소 권위적이며 절제된 내용을 담고 있는 종이신문 기사는 웹 환경에서는 별다른 주목도가 없다. 종이신문에서 취재나 기사 가치가 없어 보인 것들, 뉴스의 가치가 없다고 판단한 것들, 종이신문에는 실을 수 없는 내용들이 웹 환경에서는 오히려 인기를 얻고 있는게 현실이다. 종이신문이 추구하는 저널리즘의 가치가 웹 환경에 그대로 적용될 수 없는 것이다.

지역신문들이 혼란스러워하는 것이 바로 이 부분이다. 인력난에, 웹에 속보성 기사까지 작성하는데도 여유가 없는 현실에서 새로운 콘텐츠를 생산하는 것은 차원이 다른 문제인 것이다.

이런 내용을 살펴보면 웹 환경에 대응하기 위한 편집국 구조개혁이나 혁신은 상당히 딜레마적 상황에 있다는 것을 알 수 있다. 그러나 분명한 것은 지금 지역신문사가 기본적으로 종이신문 제작에 너무 많은 인력을 투입하고 있는 것은 문제라는 점이다.

종이신문이 하루에 한 번 발행될 때는 엄격한 확인에 확인을 거쳐 정확한 기사를 독자에게 제공하기 위해 기자-팀장-부장-국장과 같은 프로세스가 필요했다. 이 시스템은 기사 검증과정의 효율성과 더불어 지휘-명령체계도 명확한 장점이 있다. 하지만 21세기 환경변화에 맞춰 새로운 편집국 시스템을 구상해 볼 필요가 있다.

우선은 협업기능 강화다. 기존 편집국 시스템은 명확하게 각자의 역할이 주어져 자기가 맡은 일만 열심히 하면 되는 구조다. 자기 단계에서의 일을 제시간에 끝내는 것이 가장 중요한 역할이고 나머지는 각자 알아서 하면 된다. 그렇기 때문에 특별히 소통하거나 협업하지 않아도 업무에 큰 불편이나 지장이 없는 구조다.

하지만 21세기 언론환경은 자기가 맡은 일을 빈틈없이 하는 것도 중요하지만 협력과 소통이 필요한 환경이다. 종이신문 텍스트 기사만 쓸 수 없는 환경에서 기자 혼자서 모든 것을 할 수는 없다. 물론 지금의 기자는 기사 작성뿐만 아니라 영상 촬영, 사진 촬영, SNS 관리 등 다양한 분야에서 능력을 발휘할 수 있는 멀티 플레이어가 이상적이라고 하지만 당장은 어렵다.

결국 기사가 아닌 콘텐츠 생산을 위해서는 취재기자와 편집기자, 데이터기자, 영상기자, 소셜미디어 관리자 등과 협업과 소통을 하는 것이 필요하다. 지금처럼 업무가 독자적인 편집국 시스템을 변화시킬 필요가 있는 것이다.

간부가 취재기자보다 많다

다음은 데스크 제도 개편 필요성이다. 데스크 제도는 종이신문 제작 시스템에서는 매우 중요하다. 특히 데스크의 역할 및 위상이 신문 제작에 있어 상당히 중요한 위치를 차지한다. 사실상 담당부서와 관련된 기사 작성부터 최종 지면화 단계까지 전 과정에 간여

한다. 종이신문 제작 프로세스의 허리 역할을 하는 중요한 자리가 데스크다.

하지만 데스크가 되면 취재 일선에서 멀어지고 관리자로서의 역할이 중요해진다. 현장을 누비며 기사를 쓰는 역할에서 후배 기자에게 취재지시를 하고 기사를 데스킹하며, 담당영역의 전반적인 지면 구상을 하는 역할로 바뀌게 된다.

문제는 지역신문 경영이 나빠지면서 인력감축과 현장 기자의 이탈이 가속화되고 있는데 데스크 숫자는 별로 줄지 않고 있다는 점이다. 정치, 경제, 사회, 문화 등 신문사마다 가지고 있는 데스크가 과거에 비해 조금 줄기는 했지만 현장기자의 감축 폭에 비해서는 미미한 수준이다. 그렇다 보니 어떤 지역 신문사는 데스크 역할을 하는 간부급과 취재를 담당하는 기자들 비중이 비슷하거나 오히려 간부급들이 더 많은 현상을 보이기도 한다.

지역신문 생태계 붕괴가 시작되면서 축소경영과 낮은 대우 등으로 현장인력이 떠나는 현실에서 상대적으로 데스크급 이상의 관리자 비중이 점점 높아지는 현상을 보이고 있는 것이다. 이로 인해 현장 취재인력 부족이 만성화되고 있는 실정이다.

이 문제를 극복하기 위해서는 편집국 내 관리인력을 최소한으로 하거나 데스크들도 현장취재를 겸하는 등 조직운용에 변화를 줄 필요가 있다. 이를 통해 기자들은 자신의 전문 분야에 집중할 수 있으며, 팀 내에서의 협력을 통해 보다 신속하고 정확한 기사를 작성할 수 있다.

또 미래지향적 편집국 구조는 평면적인 조직 시스템도 고려해 볼 만하다. 기존의 계층적인 구조에서 벗어나, 기자들이 자율적으로 업무를 수행할 수 있도록 해야 한다. 이를 위해 팀장, 부장, 편집국장 등의 중간 관리자를 줄이고, 기자들이 직접 의사결정을 할 수 있는 환경을 조성해야 한다. 그렇게 한다면 의사결정 과정을 단축하고, 신속하게 기사를 작성하고 배포할 수 있다. 또한, 기자들은 자신의 업무에 책임감을 느끼고, 자율적으로 업무를 수행할 수 있다.

새로운 편집국 구조는 기자들의 의견을 수렴하고 반영하기 위한 시스템을 구축할 필요성이 있다.

지역신문 디지털국의 역할

종이신문의 웹 환경 대응과 유튜브 제작 등 콘텐츠 생산을 위해 디지털국을 신설하는 신문사들이 늘어나고 있다. 명칭은 다소 다를 수는 있지만 신문 제작 시스템과 홈페이지 같은 온라인 시스템 관리와 영상 편집, 제작 등 유튜브 콘텐츠 생산 등을 위해 새로운 국을 신설하고 있는 것이다. 지역신문도 예외는 아니다.

디지털국 신설은 종이신문사, 지역신문 제작 환경에서는 획기적인 시도라 할 수 있다. 근대적인 신문이 탄생한 이래 기사는 편집국 기자들의 전유물이었다. 편집국에서 취재 및 기사 작성, 편집까지 다 책임지고 있는 시스템을 유지했다. 하지만 디지털 전환이 진행되면서 편집국이 아닌데도 기사와 콘텐츠 생산이 가능한 디지털국이 생긴 것이다.

디지털국에는 기자와 시스템 관리부서, 인스타그램, 페이스북 등 소셜 네트워크 관리 담당자, 영상 촬영 및 편집, 인터넷뉴스 등의 업무가 주어지는데 상당수 직군이 '기자' 다. 편집국 이외 부서에서 '기자'가 근무하는 곳은 근대신문이 태동된 이래 디지털국이 신설되면서 생긴 현상이다.

그만큼 디지털국은 21세 언론환경을 대변해 주는 상징적인 부서이다. 기본적으로 디지털국은 온라인용 기사 및 콘텐츠를 생산하는 부서라고 하는 것이 옳은 설명이다. 물론 디지털국이 편집국의 기사를 관리하기도 하지만 이는 말 그대로 관리이고 생산적인 활동은 온라인용 기사와 콘텐츠 생산이다.

디지털국 신설배경에서 보듯이 디지털국은 종이신문에서 다루지 않는 기사나 영상 같은 콘텐츠 생산이 중요한 부서의 역할로 정의할 수 있다. 온라인의 비중이 점점 커지면서 웹에 맞는 기사 발굴과 영상 콘텐츠 생산이 중요해졌기 때문이다. 이런 상황을 보면 디지털국은 편집국과는 성격이 다른 별개의 디지털용 편집국이라 할 수 있다.

디지털국의 역할을 좀 더 구체적으로 살펴보자. 디지털국의 가장 우선적인 미션은 웹 환경에 맞는 기사와 콘텐츠 생산으로 볼 수 있다. 뉴스를 전달한다는 의미에서 종이신문과 웹은 같은 언론매체의 성격을 가지지만 자세히 살펴보면 본질적인 차이가 드러난다.

　종이신문은 우리에게 익숙한 그런 내용의 기사를 주로 다룬다. 물론 시대변화에 따라 종이신문도 다양한 변화를 겪으며 진화해오고 있지만 기본적인 프레임은 그대로 유지하고 있다. 주로 정치, 경제, 사회, 문화 등 전통적인 사회분류 체계에 따라 기자들은 이와 관련된 출입처에서 나오는 다양 정보를 기사화하고 문제성 있는 현상이나 정책을 보도한다.

　지역신문은 기사의 수용범위를 최대한 많은 독자층을 대상으로 해서 일반화된 기사를 싣는다. 그러다 보니 주된 독자층은 지방자치단체, 정부기관, 공공기관, 경제계, 문화계 등의 비중이 높다. 이 정도 범위의 지역사회를 다 포괄한다고 할 수도 있지만 주로 정책이나 정보전달 위주의 기사가 많고 나머지는 큰 관심을 가지지 않는다. 또 기본적으로 지역신문은 지역 내를 취재영역으로 삼으며 국가적 이슈 외에 다른 지역 뉴스나 정책은 다소 소홀히 취급되거나 취재 대상에서 제외되는 경우가 많다.

　반면 디지털국은 독자 대상이 전국적이고, 나아가서는 글로벌하기까지 하다. 전세계가 네트워크로 연결된 환경에서 지역성이 바로 글로벌로 확산될 수 있으며, 글로벌 이슈 또한 지역신문의 온라인에서 비중 있게 다뤄지기도 한다.

　디지털국 기사는 온라인용인 만큼 기사 성격도 편집국과는 다르다. 우선적으로 신문사가 있는 지역 이슈뿐만 아니라 전국, 나아가 전세계적 이슈까지도 관심의 대상이다. 기준은 온라인 독자들의 관심도다. 온라인 독자들이 관심을 가진 이슈에 대해서는 당연히 비중 있게 다루는 것이 디지털국의 속성이다.

전통적인 관념의 뉴스보다는 어찌 보면 뉴스 같지 않은 것들이 디지털국에서 뉴스화되거나 콘텐츠로 생산된다는 점이다. 뉴스밸류가 당연히 다를 수밖에 없는 것이다.

종이신문이 일방향성이라면 디지털국 생산기사는 기본적으로 쌍방형을 전제로 한다. 인기 있는 기사는 계속 재생산 과정을 거치고 그렇지 않은 기사는 바로 웹에서 사라지는 현상이 자연스럽다.

또 하나 차이점은 텍스트보다는 이미지나 영상이 더 비중 있다는 점이다. 종이신문이 소위 레거시(올드)미디어로 지칭되는 이유는 텍스트에 기반한 것이 지금의 영상 및 이미지 트렌드에 비해 오래됐다는 점이다.

당연히 텍스트에 익숙한 30대 후반 이후 세대들에게 친숙한 것은 종이신문이다. 반면 30대 초중반까지 세대는 영상이나 이미지에 익숙하고 이들이 주된 웹 및 모바일 독자인 만큼 기사나 콘텐츠 생산도 텍스트보다는 영상이나 이미지, 즉 시각적인 면이 돋보이게 생산되고 있다. 데이터 시각화나 인터렉티브 뉴스 등이 등장하는 배경과 이런 환경을 반영한 것이다.

지금의 젊은 세대는 소위 디지털 원주민으로 불린다. 세상에 태어나서 가장 먼저 세상과 접한 것이 이미지와 영상이었고, 이들 세대가 세상을 배우고 소통하는 방식이 바로 이미지와 영상을 통해서였다. 이들 젊은 세대는 정보를 얻을 때 빼곡히 적힌 텍스트(문자/글)보다는 영상이나 이미지로 설명하면 더 이해도가 높다고 한다. 반면 기성세대는 영상이나 이미지로 정보를 전달하면 잘 이해를 하지 못하며 분명하게 텍스트로 적혀 있는 곳을 꼼꼼히 읽고 이해하고 해석하는 능력이 뛰어나다.

그렇다 보니 디지털국의 주된 임무는 자연스럽게 영상, 비주얼화, 쌍방향성에 기반한 콘텐츠 생산이다. 텍스트 중심의 편집국과는 많은 차이가 난다.

쌍방향성을 좀 더 부연설명하면 지금 세대는 다양한 SNS를 통해 자신들의 의견을 주고받고 좋고 싫음을 표현하는 세대들이다.

종이신문 세대는 신문사에서 전달하는 일방향적인 뉴스를 수용하는 데 그치고 이에 대한 의견이나 피드백은 잘 하지 않는 경향이 있다. 이유는 신문이 상당한 전문가(기자)들이 여러 단계의 검증을 거친 만큼 신뢰하기 때문이고, 지금과 같이 실시간으로 소통할 수 있는 SNS도 발달돼 있지 않았기 때문이다.

종이신문과 웹 기사의 차이를 결정짓는 또 하나의 환경변화는 사회적 가치가 다양해졌다는 점이다.

근대시민사회가 성숙되기 전이고 언론과 정부의 정보독점화 시대였던 과거에는 통제된 정보 속에서 다양한 가치판단을 할 만한 사회환경이 되지 않았다. 해답이 하나인 사회, 다수의 여론이 옳다고 느끼던 사회, 개인보다는 집단(사회)의 가치를 앞세우던 사회였다. 그렇기 때문에 신문이나 방송을 통해 전달되는 정보나 기사는 일방향성을 띄고 있었으며 수용자(독자)는 별다른 선택의 여지가 없었다.

올바른 가치판단이나 다른 의견을 나타내기 위해서는 제공된 정보 외에 신뢰할 만한 다른 정보 루트가 있어야 했는데 대부분의 일반인들에게는 불가능한 현실이다. 그래서 다수의 의견이 존중되고 상대적으로 소수의견은 비중 있게 다뤄지지 않거나 무시되는 환경이었다.

하지만 21세기 뉴미디어 등장 등으로 정보독점시대가 깨지고 언론매체나 기자가 아닌 전문가 등이 뉴스 제작 및 배포가 가능해지면서 정보홍수 속에서 사회적 다양성, 다원화가 급속히 진행되는 것이 지금 두드러진 현상이다. 정보접근 루트가 다양하고 상당기간 특정 정보만을 받아들이거나 하면서 사회적 가치체계의 분화가 일어나고 동일한 집단 내에서도 가치관이 다른 다양성이 두드러지고 있다.

이런 환경에서 시스템적으로 기사를 생산하는 종이신문은 다양한 가치를 담을 수 없어 독자층이 줄어들고 전반적인 매체 비중도 하락하고 있는 것으로 보인다.

반면 디지털국에선 웹상에서 벌어지는 다양한 현상을 다룰 수 있고, 수용자들의 다양한 욕구를 반영할 수 있어 종이신문과는 대비된다. 종이신문이 매우 제한적인 주제로 기사화를 할 수 있다면 디지털국은 좀 더 광범위하고 넓은 영역에서 콘텐츠를 생산해야 한다. 같은 신문사에 있지만 추구하는 방향은 전혀 다르게 가야 하는 것이다.

디지털국은 또 단순한 콘텐츠 생산을 넘어 장기적으로 하나의 플랫폼 기능을 하도록 역할을 찾아야 한다.

신문사에서 생산된 콘텐츠를 소셜미디어에 적합한 형태로 가공해 유통시키고 독자와의 쌍방향 소통 기능도 강화해야 한다. 웹 독자에 대한 데이터 관리, 맞춤형 영상 제작 등을 궁극적으로 담당해야 한다.

편집국과 디지털국의 관계

종이신문을 책임지는 편집국과 온라인 기사 및 콘텐츠를 책임지는 디지털국은 상호 독립적이면서도 보완적인 관계임을 알 수 있다. 서로 업무영역이 다르고 추구하는 바가 다른 만큼 독립적인 역할을 하면서 필요할 경우 상호 시너지를 낼 수 있는 구조다. 그러나 대부분의 지방신문사 디지털국은 아직 그 위상이 제대로 정립돼 있지 않고 편집국과의 관계도 분명하지 않다.

일차적으로 애초 시스템 관리의 필요성에 의해 디지털국이 신설된 영향이 크다. 기사작성 및 편집이 전산화되고 홈페이지도 관리하면서 전반적인 제작 시스템을 관리할 부서가 필요해서 하나둘 생기기 시작한 부서가 디지털국이다. 그러다 보니 인력배치도 시스템 관리가 주된 업무이고 부수적으로 온라인 취재 및 영상 콘텐츠 생산 업무가 주어졌다.

이러다 보니 시스템 관리 외 기사나 콘텐츠 생산을 위한 인력이 충분하게 확보되지 않은 상태에서 업무만 주어진 디지털국이 지역신문사에 상당수 있는 것으로 보인다. 사실 디지털국에서 웹용 기사를 제대로 생산하고 실시간으로 대처하기 위해서는 상당한 인력이 필요하고 영상의 경우 지역신문사에서는 낯선 작업환경인 만큼 상당한 전문가가 필요하지만 재정여건상 이를 확보하기가 쉽지 않다.

또 기본적으로 웹 및 모바일 환경에 대한 이해나 대응 필요성에 대해 심각하게 느끼지 않아 인력 및 재정지원이 열악한 편이다. 하나의 독립된 또는 향후 편집국과 협력하거나 시너지 효과를 낼 만한 부서로 성장시키려는 것보다는 시스템 관리를 중심으로 하고 편집국 기능의 보완을 기대하는 정도라 아직 지역신문에서 디지털국이 위상을 확보하고 있다고 하기에는 어려운 측면이 있다.

그러나 지금과 같은 관계는 서로 도움이 되지 않을 뿐 아니라 상호 시너지도 기대하기 어렵다는 측면에서 새로운 역할 모색이 뒤따라야 할 것으로 보인다. 디지털국이 지금의 뉴미디어 환경에 대응하기 위한 구조로의 개편이 불가피한 것이다. 이는 편집국의 연장선상 또는 하위(서포트) 기구로서의 디지털국이 아닌 디지털 고유의 업무를 제대로 수행할 수 있는 조직체계와 기능을 부여해야 한다는 뜻이다.

디지털국을 편집국의 지휘 아래 두는 전통적인 구조는 뉴스룸의 디지털 전환을 어렵게 만들 수 있다. 디지털국과 편집국은 독립된 조직 구조를 유지해야 한다. 이를 통해 두 조직 간의 전문성을 극대화하고, 각각의 역할을 효과적으로 수행할 수 있다. 디지털국은 디지털 콘텐츠와 관련된 모든 업무를 독립적으로 수행하며, 편집국은 전통적인 뉴스 제작과 관련된 업무를 담당한다.

구체적으로 살펴보면 편집국은 전통적인 기사 생산에 비중을 두고 있다면 디지털국은 현재 트렌드에 맞는 콘텐츠를 생산한다는 점에서 성격이 다른 부서라는 관점으로 관계설정을 해야 한다. 통상 편집국과 디지털국이 출입처가 중복된다거나 편집국 취재영역을 디지털국에서 침범했다는 등의 상호갈등은 편집국과 디지털국을 같은 기사를 생산하는 부서라는 생각에서 생긴 갈등으로 보인다.

편집국은 종이신문에 어울리는 기사를 생산하고 디지털국은 웹용 콘텐츠를 생산한다는 관점에서 서로의 역할을 존중해 주는 문화가 필요하다. 좀 더 진화한다면 상호협력 관계를 구축해 시너지 효과를 내는 방향으로 운용되는 것이 이상적이다. 편집국과 디지털국 간의 이해가 전제된다면 협업할 부분이 의외로 많고 기사나 콘텐츠의 질도 높일 수 있다.

지역신문 제작 시스템의 진화 방법

편집국의 신문 제작 시스템 변화를 논의하기 전에 현재 상황을 살펴보자. 앞서 언급했듯이 지금 지역신문 편집국은 한계상황이다. 기자 이탈과 사기 저하, 21세기 변화된 미디어 환경에 대한 부적응 등 최악의 여건에서도 그동안 면면히 이어져온 종이신문 제작 시스템을 유지하면서 수준 높은 뉴스를 생산하기 위해 안간힘을 쓰고 있다. 과거나 지금이나 신문기자들의 근무여건 자체가 열악한 것은 변함이 없다.

그러나 과거와 지금의 가장 큰 차이는 존재감이다. 과거 신문과 방송이 유일한 뉴스매체였을 당시에 신문기자의 존재감은 대단했다. 신문사에 모든 정보가 모이고 이를 바탕으로 제작된 신문의 관심도와 가독성은 지금으로서는 상상하기 어려울 정도로 높았다. 신문을 통해 우리 지역은 물론 세상에 무슨 일이 일어나고 있는지를 알 수 있었을 때 신문사 편집국과 기자의 위상은 지금과는 비교가 되지 않을 정도로 높았다.

하지만 기존 언론의 정보독점시대가 끝난 지금의 미디어 환경은 신문사와 기자의 존재감이 예전과는 비교가 되지 않을 정도로 낮아졌다. 급속하게 신문의 경쟁력이 떨어진 것이다. 온라인과 SNS를 통해 실시간으로 사건이 업데이트되고 기자보다 뛰어난 전문가들이 특정 분야의 깊이 있는 뉴스와 분석을 전하고 있는 현실에서 신문은 여전히 과거방식으로 제작하고 있는 것이 문제다. 그러다 보니 독자들의 무관심은 커지고 신문의 위상도 많이 낮아졌다. 굳이 신문을 보지 않아도 세상 돌아가는 것을 알 수 있으며, 오히려 신문은 제공하는 정보가 제한적이라 점점 더 외면받고 있는 것이다.

그렇지만 지역신문사 내부 사정을 보면, 예전 같지는 않지만 여전히 종이신문 제작과 그 광고수익을 대체할 만한 것이 없는 현실에서 편집국의 신문 제작 시스템은 여전히 중요한 역할을 하고 있다고 볼 수 있다. 대안이 필요한 것은 사실이지만 그 대안이 마련되기 전까지는 현재 시스템을 유지하면서 기회를 엿보는 수밖에 없는 것이다.

그렇다고 언제까지 기회를 기다리면서 지금의 시스템을 유지만 하는 것도 문제다. 편집국의 디지털 전환 같은 변화가 하루 아침에 이뤄지는 것이 아닌 만큼 가까운 미래에 닥칠 신문사의 기능 변화에 선제적으로 대응할 필요가 있는 것이다.

기자도 부족하고 사기는 떨어져 있고 급여도 만족하지 못할 수준이고 업무량은 하루가 다르게 늘어나고 있다. 새롭게 뭔가를 시작한다는 것이 거의 불가능한 상황이지만 그래도 변화를 위한 단초를 마련해야 하는 것이 지금 지역신문 편집국이 처한 환경이다. 현재 처한 상황이 신문 역사상 겪어 보지 못한 고통스러운 시간이지만 이 시대의 디지털 전환이 신문산업에만 국한되는 것이 아닌 만큼 미래에 대해 얼마만큼 준비하느냐가 지역신문의 미래를 좌우할 것으로 전망된다.

지역신문의 편집국 제작 시스템 변화가 어려운 첫 번째 이유는 기자인력 부족이다. 이미 한계치를 넘은 상황이다. 지금의 신문제작에 필요한 인력도 절대적으로 부족한 현실에서 현재와 미래의 디지털 수요에 대응해 기존 인력을 재배치하는 것은 사실상 거의 불가능하기 때문이다. 이렇다 보니 기존 편집국 인력이 짬을 내서 웹 기사에 대응하는 수준으로 대응하고 있는 현실이다.

　이런 대응은 불가피한 측면이 있지만 종이신문 제작이 우선이고 웹 기사 대응은 부수적이라는 인식을 줘 여전히 무게중심이 종이신문에 집중된 시스템을 유지하고 있다. 종이신문의 한계가 드러나고 있는 시점에도 여전히 종이신문 제작에 너무 많은 인력이 배치되는 아이러니한 상황이 전개되고 있는 것이다.

　결국 종이신문의 퀄리티를 유지하면서도 디지털 전환에 필요한 인력을 확보하는 것이 관건이다. 한편으로는 매우 모순돼 보이지만 어찌 보면 현실적인 대안이 될 수밖에 없다는 생각이 든다.

　이런 상황을 개선하기 위해서 기존의 편집국 시스템을 어떻게 변화시켜 가장 효율적인 조직으로 전환하느냐가 화두가 됐다. 인력이 절대적으로 부족한 상황에서 종이신문 퀄리티를 유지하면서도 성공적 디지털 전환을 위한 인력을 확보해 나가는 것이 지역신문사의 미래 운명을 좌우하는 키 포인트가 된 것이다.

　대부분의 지역신문사는 이런 현실에 직면해 소위 디지털국에 기자 몇 명을 배치하고 영상인력을 확보하고 있다. 또 기존 편집국 인력을 활용해 웹 기사에 대응하고 있는 실정이다. 종이신문의 가치를 유지하면서도 디지털 전환에 신경 써야 하는 상황에서 최선의 선택이라고 볼 수 있다.

하지만 이 제도는 기존의 편집국 시스템을 유지하면서 최소한의 인력을 디지털 전환에 활용한다는 점에서 지속가능한 상황대처라고 하기에는 여러모로 부족함이 많아 보인다.

편집국의 기능 변화, 조직 시스템의 변화가 동반되지 않는다는 면에서 근본적인 대응은 아니다. 앞서 강조했듯이 편집국 인력이 종이신문 제작에 에너지를 너무 많이 낭비하고 있는 문제를 극복하는 것이 대안 마련의 출발점이 될 전망이다. 현재 편집국 인력도 제대로 된 종이신문을 만들기에는 부족한 상황에서 신문 제작 인력을 더 줄이기는 쉬운 일이 아니다.

하지만 미래 전략 차원에서 보면 점진적으로 편집국 인력 운용 비중을 기준 신문 제작에서 웹 대응 인력으로 전환할 필요가 있다는 점은 인식해야 한다. 지금 여건이 어렵기는 하지만 웹 대응을 강화하는 방향으로 인력 운용을 변화해야 할 시점이다.

유료독자 유지 방안

    지역신문이 위기에 빠진 이유는 외형적으로 신문 구독자의 급격한 감소나 정체현상에서 비롯된다. 신문 유료독자의 수가 광고 수익과 직결된 만큼 많은 독자층을 확보하고 있다면 바로 신문사의 경쟁력을 확인할 수 있는 것이다. 구독자가 많으냐 적으냐에 따라 그 지역을 대표하는 신문사의 위상을 가늠해 볼 수 있는 것이다. 지역신문은 대체로 광역시와 도 단위를 관할 구역으로 하는 경우가 많다. 대구시와 경북도, 대전시와 충청남도, 광주시와 전라남도 등이다. 광역시가 없는 경우는 도 단위를 권역으로 해서 지역신문이 발행되고 있다.

    지역신문은 언론자유화 조치 이후 전국지의 거센 도전에 밀려 상당한 곤란을 겪었다. 전국지들이 부수 확장을 위해 엄청난 자본을 투입하며 지역 공략에 적극 나서면서 지역신문은 이를 방어하느라 많은 에너지를 소모했다. 전국지들은 신규 구독신청자에게 현금이나 상품권을 살포하고 자전거나 여러 가지 가전제품을 선물로 주는 물량공세로 지역신문들의 입지를 약화시켰다. 정부의 종합편성채널 허가와 포털의 등장 등으로 미디어 환경이 변하면서 전국지의 지방공략은 빛을 잃었지만 지역신문의 위상이 높아진 것은 아니다. 강력한 경쟁 상대는 사라졌지만 뉴미디어 환경에 적응해야 하는 새로운 과제가 남아있다.

    뉴미디어 환경에서 지역신문은 과도기적 상황에 처해있다. 종이신문을 버리고 디지털 전환을 할 수도 없고, 그렇다고 예전과 같이 종이신문만 잘 만들어도 안 되는 상황이기 때문이다.

현실적으로 지역신문은 각 신문사마다 정도의 차이는 있지만 현 수준의 독자층을 더 이상 확보하기 힘든 상황이다. 전통적으로 신문구독은 장기독자의 충성도가 높은데 이들 독자들이 은퇴 등으로 신문을 구독할 여유가 없어지면서 신문 구독자 수는 점진적인 하향 곡선을 그리고 있는 실정이다. 미디어 환경 변화로 젊은 세대를 비롯 신문에 무관심한 세대층이 점점 두터워지고 있는 것도 신문이 더 이상 유료구독자를 확대하기 어려운 현실이다.

이 과정에서 하나 짚고 넘어가야 할 것은 과거의 신문 제작과 배달시스템은 상당히 혁신적이고 효율적이었다면 지금은 전혀 그렇지 않다는 점이다.

통신망이 발달돼 있지 않고 인쇄술이 정보전달 방법으로 가장 첨단적이었던 시대에는 신문이 가장 적합한 뉴스 전달 방법이었다. 하루 동안 일어난 일을 잘 정리해서 인쇄 속도가 매우 빠른 윤전기로 신문을 인쇄한 뒤 차량과 오토바이, 사람이 직접 가정집까지 배달하는 시스템은 어느 누구도 따라올 수 없는 최첨단 시스템이었다. 당시 취재-기사 작성-편집-교열-인쇄-배달 프로세스로 진행되는 신문 제작 시스템은 시간과의 싸움이었다. 최단시간 작업해서 가장 빠른 방법으로 구독자에게 신문을 배달할 수 있는 시스템을 갖추고 있었다.

지금은 과거보다 더 첨단적인 방법으로 신문 제작을 하고 있지만 과거처럼 가장 신속하거나 효율적이지 않다는 데 문제의 근원이 있다. 네트워크로 전 세계가 연결돼 있고 어린이부터 성인 대부분이 개인 디바이스(휴대폰/태블릿PC)를 갖고 있는 현실에서 신문은 가장 느리게 소식을 전하는 뉴스매체가 돼 버렸다.

지구촌 대부분의 사람들이 실시간으로 정보를 접하고 있는 현실에서 하루 늦게 배달되는 '신문'은 이제 더 이상 '신문'이 아닌 것이다. 정보와 콘텐츠가 네트워크를 타고 신속히 전달되고 소비자와 쌍방향으로 소통까지 하는 현실에서 신문의 경쟁력이 약화되는 것은 어찌 보면 당연한 현상이라고 할 수 있다. 하루 지나 소식을 전하는 신문을 굳이 돈(구독료)을 주고 봐야 할 이유를 알지 못하는 것이다. 더구나 신문 내용은 대부분 자사 홈페이지나 포털을 통해 이미 온라인 서비스가 되고 있는 만큼 신문 독자가 줄어드는 것은 당연한 것처럼 보인다.

달라진 미디어 환경에도 불구하고 전통적인 제작 시스템을 유지하고 있는 신문의 경쟁력 확보가 생각보다는 만만찮은 것이다. 그렇다고 종이신문의 유료독자를 포기할 수도 없는 것이 지역신문이 가진 딜레마다. 현실적으로 종이신문 독자 수가 아직까지는 지역에서 신문사의 경쟁력과 신뢰성, 광고수익까지 좌우하는 기준이 되기 때문에 어떤 방법을 써서든 현재의 독자를 유지하고 가능하다면 유료독자를 더 늘리려는 것이 지역신문사의 바람이다.

그럼 어떻게 하면 줄어드는 독자를 유지하거나 늘릴 수 있을까? 사실 뾰족한 해결책이 없는 상황이지만 기존의 문제점을 개선하는 방향으로 논의를 진행해 보자.

우선 웹과 종이신문의 차별화이다. 이미 웹에 올라온 내용과 같은 기사를 종이신문에 싣는다면 차별성이 전혀 없다. 이미 모바일이나 PC를 통해 접한 사실을 종이신문을 통해 읽는다고 특별한 감흥이 생기지는 않을 것이다. 그런데 웹에서 볼 수 없었던 내용이 추가된다면 종이신문을 읽을 이유가 되지 않을까? 웹 기사 내용을 심층분석한 기사가 일단은 가장 차별성이 있어 보인다. 정치, 경제, 사회, 문화, 체육 등 다방면에서 웹 기사보다 뛰어난 내용을 담을 수 있다면 종이신문의 가치는 올라갈 것이다.

이런 기사를 위해서는 기자가 특정영역에서 전문성을 가질 수 있도록 현재의 순환보직 개념 인사제도를 바꿔야 하며, 지속적인 교육, 연수 등을 통해 기자들이 전문성을 확보하도록 해야 한다.

다음은 독자와의 소통 강화이다. 사실 신문사에서 가장 중요한 고객은 독자이다. 신문을 읽어주는 독자가 있기 때문에 신문사가 존재한다고도 할 수 있다. 디지털전환시대, 웹시대에도 여전히 신문 독자가 지역신문에 중요한 존재인 이유다. 그럼에도 불구하고 독자와의 소통은 거의 없다고 해도 과언이 아니다. 과거 일방향성의 종이신문이 여전히 일방향성만 유지되고 있는 실정이다.

독자 대부분은 신문지국이 실질적으로 관리하고 있기 때문에 신문사와 독자 간 직접적인 접점을 찾기 어려운 현실적인 문제도 있지만 다양한 방법을 통해 독자와의 커뮤니케이션 강화가 필요한 시점이다. 신문사는 장기 독자가 많은데 이들은 오랜 기간 신문을 구독하면서 나름의 안목을 갖고 있어 이를 신문 제작에 참여시키는 것도 좋은 방안의 하나다.

영남일보는 시민기자제로 시민과 독자들이 신문 제작에 직접 참여하도록 하고 있는데 독자참여 저널리즘의 좋은 예라 생각된다. 지속된 경영난과 환경변화로 기자들이 현장을 찾기 점점 어려워지면서 지역신문의 장점인 현장성이 위협받고 있는 만큼 시민기자제, 독자기자제 등으로 지역저널리즘을 강화하는 시도도 해볼 만하다.

독자참여 활성화는 별도의 독자제보란, 독자투고란, 독자 신문고, 독자 옴부즈맨 등 다양한 방식이 가능해 보인다. 지역실정에 맞는 방법으로 독자와의 쌍방향 소통을 활성화해 충성 구독층을 유지하는 전략이 필요하다.

독자와의 소통 강화에는 소셜 미디어를 통한 방법도 있다. 비록 신문은 하루 한 번 아침에 배달되지만 네트워크를 통한 실시간 소통으로 신문사와 독자 간의 거리감을 좁힐 수 있으며, 여론의 흐름도 파악할 수 있는 장점이 있다. 블로그나 카페, 페이스북 등을 활용해 다양한 취미클럽이나 전문가 모임 등을 통해 네트워킹을 강화하는 것도 좋은 방법이다.

프로모션을 통한 독자층 확충도 고려해 볼 만하다. 신문지국을 통해 독자를 늘리는 방법은 한계가 있는 만큼 전략적 마케팅을 통해 특정 집단이나 단체에 구독자를 집중적으로 늘리는 방법이다.

특정 단체나 기관과 연중 캠페인 전개, 기획기사 공동 프로모션 등을 통해 신문의 장점을 극대화시키는 것이다. 이를 통해 지역 사회 이슈를 개발하고, 지역혁신 아젠다를 발굴하는 상생전략을 구축한다면 기대 이상의 성과를 얻을 수도 있을 것으로 전망된다.

젊은 독자를 늘릴 수 있는 방안

신문구독에 가장 취약한 계층은 젊은 층이다. 10~30대 층에게 종이신문은 올드미디어로 인식되고 미디어 전공 대학생조차도 종이신문사 취업에 대해서는 무관심할 정도로 젊은 층에게는 외면받고 있다.

그 이유는 당연해 보인다. 태어나면서부터 영상과 이미지로 세상과 접한 이들은 텍스트(종이신문)에 대한 인식이 기성세대와는 전혀 다르다. 기성세대는 텍스트(글)로 세상을 접하고 이해했다면 지금 젊은이들은 이미지와 영상으로 세상을 본다. 당연히 텍스트 중심인 종이신문에 무관심할 만한 환경인 것이다. 특히 네트워크 발달과 휴대폰의 등장으로 젊은이들은 활발한 SNS 활동을 통해 실시간 뉴스와 콘텐츠, 정보를 주고받는 데 익숙하다.

이런 환경에서 젊은 층의 독자를 늘린다는 것은 요원해 보이기도 한다. 종이신문과 전혀 접점이 없어 보이는 젊은 세대를 공략할 방법은 없을까?

사실 젊은이들이 뉴스를 접할 때 종이신문보다는 모바일이나 인터넷 이용을 선호하기는 하지만 종이신문의 정보 자체에 젊은 이들이 관심 있을 만한 것이 없다. 종이신문의 내용 구성을 보면 주로 40대 이상들이 선호할 만한 기사가 대부분이다. 특별한 경우를 제외하고는 10~30대가 관심 가질 만한 내용이 거의 없다. 주간 단위 교육면이나 섹션면에서 일부 다루고 있지만 그마저도 상식적이거나 식상한 내용이 대부분이라 이들 젊은 세대가 종이신문을 봐야 할 필요성을 느끼지 못하는 것이다. 내용이 주목할 만한 게 없는 데다 전달방식도 종이신문이라면 그들의 관심에서 한참 멀어지는 것이 지금의 실정이다.

이런 젊은 층들이 종이신문에 관심을 가지도록 하는 데는 한계가 있을 수밖에 없다. 종이신문은 본질적으로 불특정 다수를 대상으로 한 종합지 성격을 갖고 있기 때문이다. 최대한 많은 사람들이 만족을 느낄 수 있도록 다양한 내용을 담고 있어 특별히 젊은 층을 겨냥해 뉴스 공급을 늘리기 어려운 시스템이다. 종이신문의 특성 탓에 현재로서는 개인(독자) 맞춤형 기사공급이 어렵다.

젊은 세대를 당장 종이신문 구독자로 확보하기 위해 전략적으로 접근하면, 젊은이들은 디지털 매체에 익숙하고 개인 디바이스(휴대폰 등)를 이용해 뉴스와 콘텐츠를 소비한다는 점에 주목해야 한다. 또 기성세대와는 달리 텍스트보다는 영상과 이미지를 좋아하며 뉴스성 기사보다는 다양한 콘텐츠를 즐기는 경향이 강하다.

이를 고려하면 우선 젊은 세대에게는 종이신문보다는 모바일이나 웹을 통한 접근이 필요해 보인다. 디지털 매체에 익숙한 환경인 만큼 웹이나 모바일을 통해 접근하고 텍스트보다는 영상과 이미지 위주의 콘텐츠 생산을 늘려야 한다. 콘텐츠 내용도 종이신문이 가지고 있는 전통적인 가치와는 다르게 젊은이들의 취향에 맞춰 생산하는 것이 중요하다.

또 젊은이들은 소셜 미디어를 통한 콘텐츠 소비가 강한 만큼 페이스북, 인스타그램, X, 유튜브 등을 통해 젊은이들이 좋아할 만한 콘텐츠를 공급해야 한다. 신문기사를 그대로 업로드하는 것이 아니라 젊은이들이 매력을 느낄 수 있도록 영상과 이미지를 추가하고 텍스트도 잘 요약하는 등 맞춤형 콘텐츠 생산이 필요하다. 또 이들과의 네트워크 강화를 위해 서로 소통하는 것도 중요하다.

또한 쌍방향 소통이 가능한 인터렉티브 콘텐츠 공급도 좋은 대안이다. 인터랙티브 콘텐츠는 디지털 기술을 기반으로 제작된 쌍방향 콘텐츠라 할 수 있는데 상호작용이 가능하다는 점에서 젊은이들에게 좋은 반응을 얻을 수 있을 것으로 보인다.

젊은 층은 네트워크상에서 참여하고 소통하는 것을 좋아하므로 간단한 퀴즈나 게임, 설문조사 등이 포함된 콘텐츠를 생산해 공급한다면 신문에 대한 인식도 달라지고 심리적 거리도 좁힐 수 있을 것으로 전망된다.

좀 더 종합적으로 설명하겠지만 젊은이들은 온라인 게임을 즐기는 만큼 이를 활용하는 방법도 좋은 대안의 하나라고 생각한다. 기사 관련 퀴즈를 게임형식으로 만들어 제공하고 정답자에게 토큰과 같은 보상을 제공한다면 젊은이들을 충분히 유인할 수 있을 것으로 보인다.

신문사 웹사이트가 단순한 뉴스를 공급하기보다는 하나의 플랫폼적 성격을 가지고 다양한 콘텐츠를 생산하며 쌍방향 소통을 강화하는 방향으로 나아간다면 지역신문에 무관심한 젊은 층으로부터도 충분히 주목을 받을 수 있을 것이다.

대학생을 대상으로 한 콘텐츠 공동제작, 젊은 인플루언서와의 공동 콘텐츠 제작도 지역신문에 대한 젊은이들의 관심을 제고시킬 수 있다. 지역신문사의 경우 사실 젊은 세대에 대한 이해가 부족하고 젊은 세대들도 지역신문에 대해 무관심한 만큼 서로를 이해하는 좋은 계기가 될 수 있다. 또 젊은이들이 참여한 콘텐츠를 제작함으로써 지역신문에 부족한 다양한 콘텐츠 생산에도 좋은 기회가 될 전망이다.

인플루언서의 경우 많은 구독층을 확보하고 있어 지역신문과 공동협력한다면 지역신문에도 좋은 기회가 될 수 있을 것이다. 어떤 면에서는 온라인 상에서 지역신문보다 훨씬 강력한 영향력을 가지고 있어 인플루언서와의 협업으로 인한 지역신문의 확장성이 더 커 보인다.

이렇게 전방위적으로 젊은 세대를 겨냥한 접점을 확대한다면 젊은 세대는 지역신문의 가치를 생각하고 되고, 지역신문 또한 젊은 층이 무엇을 원하는지 이해하게 되면서 새로운 저널리즘의 가치 창출이 가능하다는 생각이다.

지역신문에 젊은 세대가 관심을 보인다면 지역신문의 구독층

기반을 한층 확대할 수 있고, 침체된 지역신문의 웹사이트와 소셜 네트워크도 활성화 기반을 마련해 디지털 전환의 전기가 될 전망이다.

지역신문의 광고 효과

사실 지역신문에서 광고 효과는 점점 떨어지고 있는 실정이다. 신문 구독자 수가 정체하거나 감소추세에 있고 열독률도 떨어져 신문광고 효과는 예전만 못하다. 신문광고는 과거 지역 백화점, 건설업체, 소비재 기업은 물론 서민들도 편리하게 이용할 수 있었다.

별다른 광고매체가 없었던 2000년대 전까지만 해도 서민들에게는 신문이 상대적으로 광고비가 저렴했고, 지역 유수기업들에게도 광고비가 아깝지 않을 정도로 지역신문 광고는 매력적이었다. 신문기사 못지않게 신문광고 효과도 좋은 호시절이었다. 신문기사도 지역에서 독과점적인 지위를 유지하고 있었고 신문 광고 또한 지역에서는 가장 효과적인 광고매체로 자리매김하고 있었기 때문이다. 신문 광고 외에 별다른 광고매체가 없어 지역신문은 광고 수요를 충당하기 위해 꾸준히 지면을 늘리는 등 확장 경영을 해야 했다.

하지만 IMF 전후로 지역에 기반을 둔 제법 규모가 큰 기업들이 도산하거나 전국 단위 기업에 매각되면서 지역신문 광고시장은 요동치기 시작한다. 지역을 기반으로 성장한 기업이 지역신문의 주된 광고주였으나 이들 기업이 사라지거나 경영여건이 어려워지면서 지역신문은 급격한 광고침체 현상에 빠져든다.

IMF 이후 우리 사회의 거품이 빠지기도 한 시기인데 지역경제와 지역신문에게는 겪어보지 못한 가혹한 시절이었다. 결과적으로 IMF는 대마불사大馬不死 현상으로 수도권에 기반을 둔 대기업들은 대부분 생존하고 지방기업들은 몰락하는 망국적인 결과를 가져왔다.

IMF 충격이 대한민국을 부유한 수도권과 가난한 지방으로 양분시키고 지금의 수도권 일극체제一極體制를 고착시키는 결과를 가져 왔다. 이는 지역신문 광고시장이 직격탄을 맞은 것이기도 하다. 근대화와 산업화 과정을 통해 지역경제의 버팀목이 됐던 향토기업들이 사라지면서 지역신문 광고시장은 위축될 수밖에 없었다. 여기에다 전국지들의 지역공략이 계속되면서 제한적인 신문광고 시장마저 나눠먹는 구조가 형성됐다.

지역경제가 무너지면서 지역신문 입지도 위축됐는데 전국지가 아예 지역신문을 고사시키려고 덤벼든 것이다. 지역경제의 수도권 의존도는 더 심화됐다. 지역순환 경제 생태계가 급속히 무너지면서 지역은 수도권의 원료 공급기지로 전락했고, 모든 산업의 수도권 의존도가 심화됐다. 대한민국의 지역은 수도권에 원자재를 싼 값에 공급하고 소비재는 비싸게 주고 살 수밖에 없는, 마치 식민지시대 식민경제와 같은 현상이 벌어지고 있는 것이다.

지역신문 광고시장을 이야기하면서 다소 장황하게 지난 이야기를 하는 것은 IMF 이후 점점 고착화되고 있는 수도권과 지역의 격차 심화, 단선적인 경제구조에 변화가 생기지 않으면 지역경제도 죽고, 지역신문도 버틸 수 없다는 점을 강조하기 위해서다. 지역신문을 살리기 위한 미시적 대안모색과 더불어 우리나라 경제구조의 거시적 변화가 없으면 백약百藥이 무효無效라고 할 정도로 지역경제나 지역신문이 생태계를 구축하기가 불가능하다는 점을 미리 알려둔다.

결국 새로운 수익원 창출이 최대 관건이다. 지금의 지면광고는 수익비중은 높지만 하향곡선을 긋고 있어 대안마련이 불가피하다. 광고시장이 웹이나 포털, SNS로 이동하고 있는 현실을 직시해야 한다. 디지털 분야에서 수익을 창출하지 못하면 지역신문 생태계 붕괴는 불가피하다고 봐야 한다.

광고국이 디지털국이나 유튜브 팀과 전략적인 협력을 통해 디지털 분야 수익창출 방안에 대해 고민을 해야 한다.

디지털 전환이 수익창출과 연결되지 않으면 지역신문을 더한 위기로 몰아 넣을 수 있다는 점에서 광고국과 디지털국, 광고국과 편집국의 활발한 커뮤니케이션과 협업을 통한 새로운 수익원 발굴에 신경 쓸 때다.

지역신문 혁신을 위한 지원부서의 역할

　지역신문의 디지털 전환 혁신이 편집국과 디지털국에 국한된 문제로 인식되는 것도 문제다. 편집국과 디지털국은 당연히 디지털 전환에 나서야 하고 주도적인 혁신을 해야 하는 것은 불문가지不問可知다. 하지만 이 두 부서가 디지털 전환이 더디게 진행돼서 경영부서나 고객지원부서 등 신문사 내 나머지 부서들은 디지털 전환의 사각지대로 남아있는 실정이다.

　지역신문사의 경우 기획부서는 회사 경영을 총괄하는 부서라는 측면에서 매우 중요한 위치를 차지하고 있다. 신문사 내 각 부서의 업무를 총괄하고 조정하면서 목표 지향성을 이끌어 내고 경영목표 수립 및 실현을 위해 매진하는 부서다. 신문사가 처한 외부 환경 변화와 도전에 맞서 새로운 전략을 수립해야 하는 부서이기도 하다. 신문 경영이 순조로운 상황에서는 매뉴얼적 관리 정도로 충분하지만 지금과 같은 격동의 시기에 기획부서는 상당히 중요하다. 국내외 산업변화, 언론계 동향 등을 면밀히 분석해 미래전략을 세워야 하고 당면한 경영위기도 극복해야 하는 막중한 자리다. 전체적인 신문사의 방향타 역할을 한다는 점에서 그 중요성은 아무리 강조해도 지나치지 않다.

　문제는 지금과 같은 4차 산업혁명으로 인한 지방언론의 환경 변화에 대응하기에는 만만찮은 상황이라는 점이다. 지역신문이 겪은 그동안의 대내외 부침은 만만한 위기이자 도전이라고 할 수 있다. 물론 언론 통폐합 조치나, IMF 금융위기, 전국지의 지방 공략 등 존폐가 걸린 상당한 위기를 맞기도 했지만 결과적으로 대부분의 지역신문이 이를 극복하고 이겨냈다. 하지만 지금 직면한 대내외 환경 변화는 예전에 경험해 보지 못한 낯선 환경이라는 점이 문제다. 예측 가능하고 단기적인 문제가 아니라 예측 자체가 쉽지 않고 선례도 없으며, 신문산업 자체의 본질적인 변화라는 측면에서 진행되고 있어 방관할 수도, 그렇다고 적극적으로 대책을 마련하기도 어려운 환경이다.

모두 알다시피 지역신문의 경영환경은 이미 바닥인 상태에서 불확실한 미래를 위해 대규모 투자를 한다는 것은 불가능한 실정이다. 신문산업의 혁신방향을 예측하기도 어려울 뿐만 아니라 혁신을 하기 위해서는 대규모 자본과 대대적인 조직 혁신이 필요하다. 이러한 투자와 혁신을 한다고 성공하리라는 예측도 물론 어려운 환경이다. 미래의 어느 불특정 시점을 예상해서 밑 빠진 독에 물 붓기 식으로 투자를 할 수는 없는 현실이다. 그렇다 보니 동종업계의 대응을 지켜보며 사태를 예의주시할 수밖에 없다.

고객지원부서도 지금의 환경이 낯설기는 마찬가지다. 전통적으로 신문을 배달하는 지국과 구독자 관리가 주된 임무였다. 구독자가 꾸준하게 유지되고, 나아가 점진적으로 구독자가 늘 수 있도록 지국 관리 및 캠페인을 정기적으로 펼쳤다.

고객지원국이 당면한 문제는 신문산업이 쇠퇴기에 접어들면서 지국 운영자를 찾기가 점점 힘들어지고 있다는 점이다. 신문산업 전성기 시절에는 지국 거래 때 프리미엄(웃돈)이 형성될 정도로 신문사 지국 운영은 매력적이었다. 안정적인 수익창출이 가능했기 때문이다.

하지만 지금은 상당수 지역에서 지국을 운영하기 어려울 정도로 환경이 변했다. 신문 구독자가 꾸준히 줄어들면서 지국을 운영하기 힘든 상황에 처한 것이다. 구독자가 감소하는 한편으로는 배달원을 구하기도 어려운 것이 현실이다. 배달원이 있더라도 인건비가 부담이 될 정도로 한계상황인 지국이 많다.

이런 상황에서 일차적으로는 기존 독자 유지도 중요하다. 최소한 고객관리 프로그램을 도입해 일목요연하게 독자 상황을 분석하고 관리할 수 있어야 한다.

웹 독자 관리의 중요성

또 하나의 문제는 웹 독자 관리 문제다. 이는 고객지원국이든 디지털국이든 맡아서 해야 하는데 지역신문에서는 아직 사각지대에 머물고 있는 느낌이다. 유입독자를 분석하고 맞춤형 서비스 제공을 하는 시스템을 구축해야 하는데 회원 가입 수준에 머물고 있고 제대로 된 독자관리도 잘 안 되고 있는 실정이다. 국내 웹 뉴스 독자들이 주로 포털로 뉴스를 소비하는데 지역신문 입장에서는 아직 웹 독자 관리의 필요성이나 분석을 통한 활용 등에 별다른 관심이 없다. 하지만 궁극적으로는 웹 독자 고객 세분화, 맞춤형 서비스 체제를 구축해야 한다.

기자 업무 스타일의 변화

디지털 환경이 도래하기 전 기자들의 업무방식은 대체로 매뉴얼화돼 있다. 지역신문의 경우 대부분 조간 발행 체제이기 때문에 취재기자들은 아침부터 업무를 시작해 저녁쯤에 하루를 마무리하는 패턴이 많다.

일반 직장인보다 조금 빠르게 움직이기 시작해 오전 9시~9시 30분쯤 기초 발제를 하고 취재에 들어가 통상 오후 6~7시 전후 기사를 마감하는 흐름이다. 물론 사안에 따라 밤 10시가 넘도록 기사 마감을 하는 경우도 있다.

취재기자들은 출입처 상황 파악, 웹 서핑 등을 통한 담당 분야 동향 파악, 자료 뒤지기 등으로 기사 아이템을 발굴하고 주로 텍스트 위주의 기사를 쓴다. 이런 패턴이 전형적인 취재기자의 업무 스타일인데 디지털 환경을 이용하는 것과는 거리가 멀다. 환경 변화에도 불구하고 여전히 종이신문 제작 중심으로 흘러가다 보니 업무방식도 예전 스타일에 머물고 있는 것이다.

그럼 디지털 환경에서 취재기자들의 업무방식은 어떻게 바꾸어야 할까?

디지털 환경이라고 해서 취재하고 기사를 쓰는 본질적인 내용은 큰 변화가 없다고 봐야 한다. 다만, 지금보다는 매우 적극적으로 디지털 환경에 적응하고 활용할 필요성이 있다.

기사 작성 때 좀 더 비주얼적인 요소를 도입해야 한다. 종이신문은 텍스트 위주로 기사를 잘 쓰면 되지만 지금과 같은 웹 환경에서는 기사보다는 콘텐츠 생산 개념으로 '기사+α'가 필요하다. 일차적으로 'α'는 사진, 영상, 그래픽, 표 등 비주얼 요소를 의미한다. 텍스트 중심 기사 한계에서 벗어나 웹 독자들이 좀 더 쉽고 친근하게 콘텐츠를 접할 수 있게 하는 요소들이다.

그러기 위해서는 디지털 콘텐츠 생산능력을 갖추어야 한다. 취재기자에게는 다소 부담스러울 수도 있는 사진 촬영은 물론 영상 촬영 및 편집, 엑셀 및 파워포인트 등을 익숙하게 다룰 수 있어야 한다. 그 외 AI영상 편집 프로그램 등 최신 AI프로그램과도 친해져야 한다. 취재해서 텍스트 기사만 쓰던 기자들에게는 쉽지 않은 일이지만 다가올 디지털 혁신을 고려하면 더 늦지 않게 준비해야 하는 과정이기도 하다. 인공지능(AI)과 자동화 도구를 사용하면 매우 유용한 콘텐츠 작업을 쉽게 할 수 있으므로 지역신문기자들이 적극적인 관심을 가져야 한다.

지역신문 취재기자들은 기사 작성 외 SNS 활동에는 다소 부정적인 생각을 갖고 있다. 기사를 써서 넘기면 그다음부터는 편집의 영역이고 취재기자 본연의 업무는 끝났다고 생각한다.

또 기자들은 검증되고 확인 가능한 것을 기사화하고 나머지 정보들은 사실이 확인될 때까지 기사화를 미루거나 기사화 대상에서 제외한다. 그렇기 때문에 SNS를 통해 유통되고 있는 많은 정보와 이야기들은 진위여부가 확실하지 않거나 사실과 배치되는 내용도 많아 신뢰받지 않는다.

기사화할 수 있는 정보의 모티브는 될지언정 전반적으로 기자들에게 중요한 네트워크라는 의식이 별로 없다. 그렇다 보니 자연스럽게 SNS 활동에 소극적이다. 취재하고 기사 쓰기도 바쁘고 SNS 활동 자체가 생산적이라고 생각하지 않고 있다. 스마트폰 시대, 특히 젊은 세대들에게는 사실상 미디어 기능을 하고 있는 쌍방향 소통창구 SNS에 기자들은 큰 비중을 두고 있지 않는 것이다.

SNS 활동을 하고 있는 기자들도 사적인 대화방 정도로 생각하고 괜한 구설에 오르지 않기 위해 소극적인 '눈팅'(인터넷 게시판에 올라온 글이나 사진을 읽거나 보기만 하고 댓글을 다는 등의 참여를 하지 않는 경우)에 그치는 경우가 많다. 편집국이나 회사 차원에서도 기자들이 SNS를 통해 구설에 오르는 것을 싫어하다 보니 자연스럽게 SNS 활동에 소극적인 태도를 보이고 있다.

하지만 지금의 웹 환경은 일방향성이 아닌 쌍방향성이고 독자와의 커뮤니케이션이 중요한 만큼 SNS 활동에 많은 관심을 기울여야 한다. 자신의 기사를 SNS를 활용해 홍보하고 독자와 소통을 해야 한다. 기사 홍보와 소통뿐만 아니라 SNS상에서 적극적으로 참여하는 것도 필요하다.

지금까지는 출입처 관계자나 주요 출입처 관계자들과의 교류와 소통이 중요했다면 앞으로는 SNS를 통한 교류와 소통이 더 중요한 시대다. 전 세계가 네트워크를 통해 서로 연결돼 있고 실시간 소통이 가능한 SNS는 기자들이 익숙하게 활용해야 할 디지털 도구인 것이다.

데이터 활용 또한 필요하다. 디지털 환경에서 데이터를 활용할 경우 지금까지와는 차원이 다른 기사를 생산할 수 있고, 기사에 대한 신뢰 및 퀄리티를 향상시킬 수 있다는 점에서 상당히 중요하다. 편리하게 이용할 수 있도록 프로그램된 다양한 데이터 분석 프로그램을 사용하고 이를 기사화 및 데이터 시각화로 연결하면 21세기 데이터 저널리즘 구현에 한 걸음 더 다가갈 수 있다.

기자들 간의 협력, 다른 부서와의 협업도 중요하다. 종이신문 제작 시스템은 철저한 분업체계다. 톱니바퀴 속에서 자신의 일만 정확히 하면 되는 구조다. 섣부른 협업은 오히려 원활한 일의 흐름에 방해가 되기도 해 자기 일만 잘하면 되는 시스템이다. 자기가 해야 할 역할을 충실히 하고 다른 기자들의 업무영역은 철저히 존중해 주는 조직문화가 형성돼 있다.

톱니바퀴처럼 돌아가는 편집국 시스템은 자기가 맡은 일은 어떤 일이 있어도 완수해야 하고 동료, 선후배 기자도 자기 역할을 빈틈없이 수행할 것이라는 믿음 속에서 형성된 조직문화다. 그 때문에 순수하게 도와주려는 심정으로 접근해도 불편해할 정도로 기자들은 자기 업무에 대한 책임감이 강하고 간섭을 싫어한다

하지만 지금의 지역언론은 혼자만 잘해서, 열심히 해서, 맡은

일만 열심히 해서는 안 되는 환경이다. 실상 지금 지역기자들이 어려운 여건에도 열심히 자신이 맡은 바 업무를 충실히 해오고 있지만 신문사 사정이 나아지기는커녕 점점 더 나빠지는 것이 하나의 반증이다. 지금의 지역신문은 열심히 자기 할 일만 하면 되는 환경이 아니기 때문이다.

내부적으로 영상기자, 사진기자, 데이터 전문가 등의 협업과 더불어 외부 기관과의 협력도 중요하다. 지역 연구소, 대학, 데이터 기업, 시민단체 등 지역의 여러 전문가들과 연구기관, 혁신기관과의 협업을 통해 새로운 기사를 발굴하고 독자들에게 다양한 콘텐츠를 제공할 수 있어야 한다. 그러기 위해서는 달라진 환경에 대한 이해와 새로운 디지털 도구에 대한 활용법을 습득하기 위한 지속적인 자기계발이 필요한 시점이다.

현장의 최일선에 있는 기자가 시대와 환경이 달라지고 있음을 인식하지 못한다거나 첨단환경으로부터 멀어진다면 설자리가 점점 좁아지고 기사나 콘텐츠 생산에도 한계를 보일 수밖에 없다.

좋은 저널리즘을 위해*

미디어 환경이 급변하는 시대에 좋은 저널리즘은 무엇인가에 대해 고민해 본다. 인터넷의 발달과 스마트폰 등장으로 대변되는 미디어 환경변화는 저널리즘의 가치에 대해 다시 생각하게 하고 있으며, 기자들의 취재방식과 기사의 가치도 시대변화에 맞춰 방향조정을 해야 함을 의미한다.

인터넷의 등장으로 종이신문의 구독자가 급감하던 시기인 2009년 빌 켈러Bill Keller 뉴욕타임스 편집국장은 '퀄리티 저널리즘Quality journalism'을 강조했다. 경험 있는 기자들이 사건 발생 장소로 가서 증언을 수집하고 기록을 뒤지며 뉴스원을 발굴하고, 사안을 철저하게 확인해 독자들에게 기사를 제공해야 한다고 설명했다.

2010년 질 에이브럼슨Jill Abramson(2012년 뉴욕타임스 편집국장에 취임)은 퀄리티 저널리즘에 대해 '우리가 살고 있는 세계에 대한 신뢰할 만한 정보를 검증하고, 탐사하며, 걸러내고, 다시 한번 확인하고 분석한 뒤 적절한 형식으로 제시된 정보'를 제공해야 한다고 말했다.

뉴욕대 아서카터연구소 저널리즘 교수인 미첼 스티븐스는 2015년 출간된 『비욘드 뉴스, 지혜의 저널리즘(Beyond News: The

---

* 한국언론진흥재단 미디어교육 연구보고서 2017-1. 스마트 미디어 시대의 뉴스 분석법 p19~20

Future of Journalism)』에서 퀄리티 저널리즘 관점은 21세기에는 시대에 뒤진 개념이라면서 '지혜의 저널리즘(Wisdom journalism)'을 주장했다.

블로그, 트위터 등 새로운 미디어 환경을 맞아, 세상에서 벌어지고 있는 일 대부분이 인터넷을 통해 우리에게 전해진다. 이런 상황에서 과거와 같은 육하원칙六何原則 즉, 누가(Who), 언제(When), 어디서(Where), 무엇을(What), 어떻게(How), 왜(Why)라는 원칙에 입각한 전통적 기사 쓰기 형식은 이 시대에 어울리지 않는 방식이라고 주장했다.

앞으로 저널리스트들은 단순히 어떤 일이 벌어지고 있는지 전해주는 게 아니라 벌어지고 있는 사건에 대해 현명하게 설명해 주는 기사를 작성해야 한다고 강조했다.

지혜의 저널리즘이란 '엄밀하고 정확한 묘사'를 뛰어넘는 개념이라고 전제하고, 세계에 대해 좀 더 잘 이해할 수 있도록 해주는 저널리즘을 의미한다고 설명했다.

이런 관점에서 지역신문 기자들의 기사를 분석해 보면 전통적인 저널리즘 관점 안에 머물러 있음을 느낄 수 있다. 뉴미디어 환경에도 불구하고 기사의 품질은 여전히 그 이전 시대 가치를 지향하고 있는 것이다. 더 심각한 것은 소위 'Digital First'로 인해 과거보다 못한 품질의 웹 기사를 양산하는 데 시간을 낭비하고 있다는 점이다.

물론 이런 현상은 뉴스 플랫폼을 장악한 포털로 인한 부작용이 더 큰 원인이지만 지역신문이 달라진 미디어 환경에 적응하지 못하고 있는 단면인 것은 분명하다.

종이신문을 통해서든 웹을 통해서든 21세기 독자들에게 필요한 내용은 객관주의에 의거한 단순한 사실전달이 아니다. 왜 이런 일이 일어나고 있으며, 앞으로 어떻게 전개될 것인지 등의 정보를 제공해야 하는데 지역언론은 여전히 과거의 저널리즘에 머물러 있는 것이다.

이와 관련해 지역신문이 가진 문제 가운데 하나는 현장취재 여건이 점점 더 나빠지고 있다는 점이다. 인터넷의 발달로 기자들의 업무는 기본적으로 증가했다. 과거에 기사를 쓰기 위해 취재하려면 대부분 직접 취재원을 만나야 필요한 자료도 받고 진솔한 대화를 통해 기사에 필요한 정보를 얻을 수 있었다.

하지만 인터넷이 등장하면서 이메일로 자료를 주고받고 휴대폰으로 통화하고 SNS로 문자를 주고받으면서 기자들이 처리할 수 있는 업무량이 늘어났다. 웹 환경을 이용하니 직접 사람을 만나는 것보다 훨씬 많은 정보를 얻고 기사를 쓰기도 편해졌다. 사람을 직접 만나지 않으니 활용할 시간이 많아진 것이다.

이는 종이신문의 지면은 그대로인데 편집국 취재기자는 줄어드는 현상으로 이어졌다. 기자 한 명이 담당하는 출입처가 많아졌고, 그만큼 써야 할 기사도 많아진 것이다. 1990년대 중반과 2020년을 비교하면 기자들의 업무량은 2~3배 늘어난 것으로 보인다. 여기에다 지역신문 경영사정이 악화되면서 편집국 인력은 꾸준히 감소 추세라 기자들의 업무량은 지속적으로 증가하고 있는 현실이다.

지난 몇 해 동안은 지역신문도 적극적으로 웹 퍼스트Web First 정책을 펴면서 기자들의 웹 기사에 대한 비중도 늘어나고 있는 실정이다. 국내 포털은 지역 신문사 대부분을 배제하는 정책을 펴고 있음에도 불구하고 지역신문이 웹 기사를 쓰느라 지역저널리즘 가치에서 멀어지고 있다는 것은 아이러니다.

그러다 보니 심층기사나 기획기사를 쓸 여유는 점점 줄어들고 보도자료를 정리한 기사, 웹용 속보기사 등 취재보다는 자료정리를 통한 기사 생산 비중이 점점 높아지고 있다. 지역신문이 독자들이 생각하는 것보다 많지만 언론사별로 차별화된 기사가 별로 안 보이고 어디선가 본 듯한 비슷한 내용의 기사밖에 없는 이유가 여기에 있는 것이다. 전국지 기자들도 마찬가지지만 지역신문 기자들의 업무량은 절대적으로 많아졌는데 기사 품질은 떨어지고 차별화 안 된 기사가 쏟아지는 이유가 이런 환경변화에 있는 것이다.

이로 인해 지역신문 기자들이 취재원과 직접적인 접촉기회가 줄어들고 현장 취재가 점점 어려워지고 있는 것은 큰 문제다. 지역신문이 전국지와 비교해 확실하게 차별화되고 우위에 있다고 할 수 있는 지역 현장 취재 기사가 사라져 가고 있는 것이다. 이는 지역신문의 존재 가치와 근거를 뿌리째 흔들 수 있다는 점에서 경각심을 가져야 한다.

현장성 있는 기사가 많이 생산되고 여론화할 때 지역신문의 가치는 돋보인다. 그러지 않고 보도자료 중심과 단순한 속보성 기사에만 집착한다면 궁극적으로 지역신문이 설 자리는 좁아진다고 봐야 한다. 뉴미디어 등장 후 입사한 젊은 기자들이 여건상 현장 취재 노하우와 기획 및 심층 취재 능력을 갖추기는 점점 어려워져 가고 있는 점도 안타까운 현실이다.

지역신문이 뉴미디어 환경을 무시할 수 없고 이에 대한 대응도 포기할 수는 없지만 지역신문의 중요한 가치가 어디에 있는지를 간과해서는 안 된다.

지역신문은 정책당국이나 전국지가 관심을 가지고 있지 않거나 소홀히 하고 있는 지역사회 다양한 이슈에 대해 현장 취재를 강화해야 한다.

이를 통해 지역 현안에 대해 보다 생생하고 현장성 있는 기사, 신뢰성 있는 기사로 차별화 해야 한다. 또 현장 취재를 통해 지역 사회와의 지속적인 네트워크를 구축해 연대감을 강화하고 지역의 공기公器로서의 존재감을 키워야 한다.

'웹 퍼스트Web First'도 중요하지만 현장을 포기하지 않는 현장 중심 취재가 위축되지 않도록 대안을 마련해야 한다.

하이퍼로컬 저널리즘의 필요성과 한계

지역신문의 생태계 붕괴위기에 대한 대응책의 하나인 '하이퍼로컬 저널리즘Hyperlocal Journalism'은 최근 몇 년 사이에 관심이 커지기 시작한 개념으로 디지털 기술의 발달과 함께 기존 지역신문의 한계를 극복하자는 취지로 강조되고 있다. 특히 지역신문의 생태계 붕괴를 막기 위한 방안으로 거의 유일하다시피 강조되고, 매력적으로 인식되기도 하는 것이 하이퍼로컬 저널리즘이다.

하이퍼로컬 저널리즘은 기존 광역 단위 지역신문에서 보면 좀 더 깊숙이 주민 속으로 파고들어 지역저널리즘 가치를 구현하는 것을 의미한다. 지역에서도 작은 지역 사회나 커뮤니티에 비중을 둔 저널리즘이다. 동네, 소규모 마을, 또는 특정 커뮤니티를 대상으로 취재와 기사를 쓰는 것이다. 이는 전국지나 방송, 지역신문에서 거의 다루지 않는 이야기를 다룬다는 점에서 매우 차별적이고 독창적인 기사 생산이 가능하다. 지역신문의 존재 가치를 명확히 드러낼 수 있는 장점이 있다.

이 하이퍼로컬 저널리즘이 가능하기 위해서는 기자들이 작은 단위의 지역이나 커뮤니티와 밀접한 관계를 맺고 활동해야 한다. 출입처 중심의 보도관행과는 차원이 다른 접근이다.

영남일보의 경우 시민기자제도를 통해 동네 구석구석 뉴스와 지역 커뮤니티 관련 기사를 정기적으로 싣고 있는데, 하이퍼로컬 저널리즘의 좋은 사례라 생각된다.

하이퍼로컬 저널리즘의 가치는 마치 촘촘한 그물로 물고기를 잡는 것처럼 기자들이 취재 대상을 매우 섬세하게 스크린하는 과정이기도 하다. 이를 통해 자칫 흘려보낼 뻔한 사건이나 이슈를 개발하고 상세한 보도를 통해 지역사회와의 네트워크와 유대를 강화할 수 있는 장점이 있다. 지역주민, 지역커뮤니티 속으로 깊숙이 들어가는 만큼 지역신문의 가치를 재평가 받고 지역주민의 참여를 활성화할 수 있는 계기가 될 전망이다.

기본적으로 하이퍼로컬 저널리즘은 지역사회와의 밀착성, 현장취재가 강조되지만 이게 전부는 아니다. 지역신문이 지역주민들에게 직접 기사나 영상을 작성해 올릴 수 있는 플랫폼을 제공하거나 체계적인 주민 여론형성장을 제공할 수도 있다. 특히 지역신문은 웹사이트나 유튜브, SNS의 콘텐츠가 절대적으로 부족한데 지역주민이나 커뮤니티, 대학, 청년단체, 시민단체 등과 협력해 콘텐츠를 생산하고 정보소통과 커뮤니티를 활성화할 수도 있다.

기존 전국지나 지역신문에서는 다루지 않는 작은 단위(지역)나 특정 커뮤니티의 데이터 분석 및 기사 등으로 맞춤형 기사와 콘텐츠 생산도 고려해 볼 만하다. 나아가 하이퍼로컬 저널리즘을 바탕으로 기존 텍스트 위주의 종이신문 제작시스템에서 벗어나 사진, 영상, 인포그래픽 등 다양한 방법으로 콘텐츠를 생산한다면 지역사회에 지역신문의 존재감을 키울 수 있을 것으로 보인다.

지역사회와 커뮤니티를 강화한다면 기획기사 발굴 스토리텔링 등 여태껏 보지 못한 다양한 콘텐츠 생산이 가능할 것으로 전망된다.

물론 지역신문이 하이퍼로컬 저널리즘을 구현하기에는 몇 가지 장애가 있다. 하이퍼로컬 저널리즘을 구현하기 위해서는 기자수를 늘리거나 시민기자제를 도입하는 등의 인력 충원이 필요한데 열악한 지역신문에서 과연 가능할까 하는 문제다. 또 하이퍼로컬 저널리즘이 성과를 거두기 위해서는 다양한 플랫폼을 활용해서 다양한 콘텐츠를 생성해야 하는데 이런 작업에 익숙하지 않은 지역신문이 효율적이고 생산적인 시스템을 구축하는 것도 만만찮은 일이다. 하지만 생태계 붕괴위기에 처한 지역신문에는 현실 타개를 위한 돌파구로 하이퍼로컬 저널리즘 또한 중요해 다소 도전적이더라도 전략적인 대응을 고민해 봐야 할 시점이다.

기자들의 근무환경 개선

앞서 여러 번 지적을 했지만 지역신문 편집국은 현재 한계상황에 직면해 있다. 기자 인력은 줄어드는데 업무량은 점점 더 늘어나고 있어 지속가능성에 빨간 불이 켜진 상태다. 이런 어려운 여건에도 불구하고 외부환경은 지역신문이 좀 더 주민 속으로 파고들고 첨단 디지털 환경을 적극적으로 활용하기를 요구하고 있다.

상당히 극한적인 상황이고 모순적인 요구이기도 하다. 한계 상황에 다다른 지역신문이 돌파구를 찾기 위해서는 편집국 혁신이 필요한데 편집국 기자들 처지에서 더 이상의 업무 과부하는 버티기 힘든 현실인 것이다. 거의 100년 가까이 이어져온 업무시스템에 변화를 가하는 것이 쉽지는 않지만 혁신하지 않으면 바로 주저앉을 수밖에 없다는 점에서 어떻게 해서든 돌파구를 마련해야 한다.

일차적으로 고려해야 할 것이 편집국 기자들의 시간활용 방식이다. 지역신문 편집국 기자들의 근무 스타일은 뉴미디어 환경을 맞아 다소 변하기는 했지만 본질적인 변화는 없다. 근무에 절대적으로 고려해야 할 종이신문 인쇄 시간에 맞춰 움직이고 있기 때문이다. 종이신문사는 종이신문 인쇄 시점을 기점으로 제작 시스템과 편집국의 업무 프로세스를 구축했다. 업무 프로세스를 자동 컨베이어처럼 시간 단위와 역할 단위로 나누었다고 보면 된다.

뉴미디어 환경변화에도 편집국 업무 프로세스가 크게 바뀌지 않은 것은 여전히 종이신문 인쇄 타임 스케줄에 따라 기자들의 역할이 주어져 있기 때문이다. 종이신문 기사 작성이 최우선이고 그 다음이 웹 기사 대응이다 보니 업무 스타일이나 스케줄 조정 필요성을 크게 못 느끼고 있는 것이다.

그러다 보니 종이신문 제작에 편집국 인력이 과도한 시간을 투자하고 웹 대응은 부수적이거나 형식적인 대응을 하는 스타일로 흘러가고 있다. 이런 환경 속에서 기자들은 과도한 업무에 시달리고 현장 취재할 여유가 없을 정도로 힘든 여건이다.

근무 형태에 아이디어를 하나 내자면 최대한 기자들이 활용할 수 있는 개인 시간을 늘려줘 업무 효율을 높이도록 하는 것이다. 전통적인 종이신문 제작 시스템 속에서 기자들 개인이 활용할 수 있는 시간은 매우 제한적이다. 미리 설정해 둔 타임테이블에 따라 움직이는 방식이라 기자들은 시간 활용을 시스템에 맞춰야 한다.

　기자들이 처한 출입처 환경이 다른 만큼 유연근무제도 생각해 볼 만하다. 업무에 지장을 초래하지 않으면서도 업무 만족도를 높일 수 있을 것이다. 재택근무, 자율 출퇴근, 집중 근무제 등 다양한 방법을 생각할 수 있다. 취재기자 개개인에게 노트북이 지급돼 있고 스마트폰으로 실시간 통화와 SNS 소통이 가능한 환경이라 전통적인 근무 시스템보다는 기자가 자기 시간을 최대한 활용할 수 있는 근무형태로 업무 효율을 높일 수 있을 것으로 보인다.

　다음은 기자들이 별다른 관심을 보이지 않는 디지털 도구 활용이다. 디지털 도구는 업무 효율을 높일 수 있고, 불필요한 시간낭비를 줄인다는 점에서 기자들이 적극적으로 활용해야 할 문명의 이기利器다.

　반복적인 작업이나 시간이 많이 걸리는 작업을 자동화할 수 있는 도구를 활용하거나, 간단한 기사나 보도자료를 기사화하는 것을 자동화할 수도 있다. 여러 가지 디지털 도구를 활용해 자료분석과 데이터 분석 등을 하도록 해 기사의 질을 높일 수도 있다. 절약한 시간은 기자들이 현장취재나 창의적인 일에 투입한다면 다양하고 수준 높은 콘텐츠 생산이 가능하다.

　현재 개발된 다양한 디지털 도구는 기자들이 생각하는 것 이상의 편리함과 새로운 기능을 가지고 있다. 동시대 현장에서 활동하는 기자들이 첨단 디지털 도구를 외면하거나 불필요하게 생각하는 것은 기자 스스로 시대에 뒤지는 결과를 가져온다. 그 뿐만 아니라 신문사의 앞날에도 어두운 그림자를 드리운다는 점에서 지역신문사, 기자들 모두 적극적인 대응이 요구된다.

기자들은 생리적으로 교육과 훈련을 싫어하는 경향이 강하다. 교육과 훈련이 미래지향적이고 머지않아 필요할 것이라는 것을 알지만 당장의 도움이 되지 않으니 소극적인 태도를 보인다. 또 교육과 훈련이 추상적인 내용을 담는 경우가 많아 기사를 쓰거나 취재를 하는 데 구체적이고 실질적인 도움이 되지 않는다는 생각을 갖기 때문이다.

그러나 4차 산업혁명과 디지털 전환이 급속하게 진행되고 있는 환경에서 교육과 훈련, 연수의 중요성은 점점 더 커지고 있다. 외부교육이나 연수에 회사 자체도 별 관심이 없고 기자들도 소극적으로 응하다 보니 편집국 기자들 일부만이 디지털 환경을 제대로 이해하고 있는 현실을 지역신문은 매우 심각하게 받아들여야 한다.

한국언론진흥재단 등에서 기자들의 수요를 파악해 연중 다양한 교육과 연수를 진행하고 있지만 지역신문 기자들의 관심이 저조한 실정이다. 지역신문사는 물론 기자들도 달라진 미디어 환경을 이해하고 미래에 적응력을 높이기 위한 마인드 전환이 절실하다. 국내외 연수, 대학원 진학, 세미나 및 포럼 기획과 참여 권장 등 다양한 경험을 하도록 해야 한다.

기자들의 직무 만족도를 높이기 위해 조직 문화도 개선해야 한다. 이를 통해 기자들은 조직 내에서 소속감을 느끼고, 업무에 동기부여를 받아 더욱 몰입할 수 있다. 예를 들어, 팀워크를 강화하고, 상호 존중과 배려의 문화를 조성하며, 공정한 기회와 대우를 제공할 수 있다. 또한, 기자들이 자신의 의견을 자유롭게 표현할 수 있는 환경을 조성해 조직 내에서의 소통을 강화할 수 있다.

편집국 조직문화 개선도 필요하다. 엄격한 상명하복, 일사분란한 지휘체계는 종이신문 제작에 최적화된 시스템이다. 지금은 기자들 간, 다른 부서 간에 협업이 필요하고 데스크와 기자 간, 기자와 기자 간, 선후배 간에 활발한 의사소통과 협력이 강조되는 환경이다. 새로운 미디어 환경에 적응하기 위해서는 조직문화도 미래지향적으로 바뀌어 가야 한다.

빅데이터의 활용

4차 산업혁명시대의 원유原油는 빅데이터라고 한다. 지금까지의 산업발전 밑바탕에는 값싼 에너지원인 석유가 있어 가능했듯이, 4차 산업혁명은 빅데이터를 기반으로 하고 있다는 의미다.

구글, 페이스북, 아마존, 우버, 넷플릭스 등 우리가 알고 있는 세계적인 플랫폼 기업들은 빅데이터를 기반으로 세계 정상기업으로 우뚝 섰다. 빅데이터 활용은 국내 대기업과 IT기업은 물론 소규모 자영업자에게 이르기까지 점점 보편화되고 있다. 전통적인 산업을 유지·발전시키든, 새로운 사업을 시작하든, 이제는 데이터가 기반이 된 경영활동을 해야 하는 시대에 접어든 것이다.

이런 시대 흐름에 아랑곳하지 않고 지역신문이 여전히 빅데이터를 외면하거나 무관심한 것은 심각한 문제다. 지금 상황을 심하게 빗대면 신문 제작 시스템 운영에 전기를 사용하지 않고 땔감이나 석탄을 사용하는 꼴이다. 어쩌면 이보다 더한 상황일 수도 있다. 지역신문이 빅데이터 활용을 더 이상 늦춰서는 안 된다는 점을 강조한다.

지역신문에서 빅데이터를 활용하는 목적은 두 가지다. 하나는 편집국 기자들이 기사 작성 때 쓰는 것이고, 다른 하나는 독자관리와 마케팅 등 경영전반을 빅데이터에 기반해서 운영하는 것이다.

우리 사회 곳곳에 빅데이터 활용범위가 점점 넓어지고 있지만 지역신문 기자들은 아직 절실한 필요성을 느끼지 못하고 있다. 그동안의 관행으로 자료를 받고 분석해도 기사 쓰는 데 큰 불편을 느끼지 않고 있기 때문이다. 지역신문 기자들이 활용하는 데이터 자료는 단순한 조사자료, 정부나 지방자치단체에서 제공하는 통계자료 등으로 일차원적인 통계분석이 대부분이다.

사실상 빅데이터 영역에는 손도 대지 못하고 있는 것이다. 디지털시대에는 기자들이 인지하지는 못하지만 엄청난 데이터가 실시간으로 생산되고 분석돼 활용되는 시대다. 데이터 양도 상상 이상으로 많고 크며, 종류도 다양하다. 수치뿐만 아니라 문자(텍스트), 그림, 영상 등도 수집과 처리를 통해 분석이 가능한 시대다. 이런 디지털시대에 기자들이 빅데이터 활용에 무관심하거나 소외돼 있다는 것은 심각하다. 기자들의 기본 임무 중에 하나가 정보수집인데 가장 중요하고 핵심적인 정보인 빅데이터를 놔두고 활용도가 낮고 제한적인 자료만을 가지고 기사를 쓰고 있는 것이다.

기사에 빅데이터를 활용하기 위해서는 데이터의 성격을 이해하고 이를 수집, 가공, 처리, 분석하는 과정을 거쳐야 하는데 기자들에게는 낯선 환경이다. 디지털시대에 빅데이터의 중요성이 커져 가고 있음에도 지역신문 기자들이 이를 피부로 느끼지 못하고 있는 것은 안타까운 현실이다.

지역신문 기자들이 빅데이터를 활용하면 전혀 다른 시각에서 예전에 언급되지 않았던 새로운 기사를 발굴해 독자들에게 훨씬 다양한 내용의 기사를 제공하고 콘텐츠를 생산할 수 있다. 머지않은 미래에 지역신문 기자들이 빅데이터를 활용하지 않고는 제대로된 기사를 쓰기 어려운 환경이 도래하고 있는 만큼 지금부터라도 체계적인 학습을 해야 한다.

회사차원에서나 편집국 차원에서나 단계적이고 체계적인 방법으로 기자들에게 빅데이터 교육을 하고 이를 기사에 활용할 수 있도록 해야 한다. 향후 지역신문이 어떤 방향으로 나아가든 빅데이터 활용은 필수적이다.

빅데이터는 기사뿐만 아니라 지역신문사 운영과 경영 전반에도 도입돼야 한다. 국내외 플랫폼 기업들이 빅데이터를 기반으로 하고 있듯이 지역신문사도 조속히 회사 운영 전반을 빅데이터 기반으로 전환해야 한다.

우선, 독자관리에 빅데이터 기법을 도입해야 한다. 지역신문은 아직 제대로 된 독자정보를 가지고 있지 않다. 배달지국과 함께 가지고 있는 독자 주소록 정도가 확보하고 있는 독자정보의 전부라고 할 수 있다. 축적된 노하우를 통해 종이신문 구독자의 성향 등은 어느 정도 파악하고 있다. 어느 지역이 취약하고 어떤 연령대와 계층이 무관심한지도 분석 가능하다.

하지만 PC나 모바일 독자들에 대한 정보는 거의 가지고 있지 않다. 상식적으로 지역신문의 주요 구독층이 누군인지 알아야 맞춤형 기사 생산과 추천이 가능한데 지금 대부분의 지역신문은 데이터 분석 없이 웹페이지를 운영하고 있다. 지역신문 독자가 누구이고, 어떤 계층이고, 어떤 내용의 콘텐츠를 좋아하는지도 모르고 온라인에 콘텐츠를 올리고 있는 것이다. 제조업에 비유하면 고객이 누군지도 모르고, 현재 어떤 트렌드가 유행하는지도 모르고 제품을 생산한 뒤 누군가 구매하기를 기다리는 것과 비슷하다. 포털 정책으로 인해 지역신문 기사가 웹에 잘 노출되지 않는다는 점을 고려하더라도 상당수 기사의 조회수가 수십, 수백 회에 불과한 것은 이런 원인이 크다고 생각한다.

어떤 형식으로든 웹 독자 정보를 수집해 맞춤형 콘텐츠 제공과 상호 커뮤니케이션을 통해 신문사와 연대감을 강화하는 것이 필요하다. 웹 독자 관리가 가능하면 온라인 설문조사는 물론 기사에 대한 피드백 등도 실시간으로 가능해 독자와 함께 하는 지역신문 생태계 구축이 가능하다.

나아가 경영 효율화를 위한 빅데이터 활용도 관심을 가져야 할 때다. 잠재 리스크 관리, 인력 및 예산의 최적화, 광고 효과 극대화 등 경영개선에도 큰 역할을 할 수 있다.

AI저널리즘과 지역신문

2023년과 2024년은 AI시대라고 할 정도로 AI열풍이 불었다. 지역신문사 등 미디어계에 미친 영향도 광범위하다.

빅데이터의 폭발적 증가와 컴퓨터 성능 향상으로 AI기술은 최근 몇 년 사이 비약적으로 발전했다. 미디어 입장에서 보면 기자나 영상기자처럼 콘텐츠 제작 인력이 편리하게 사용할 수 있는 AI도구들이 많이 출시됐다.

취재 음성 파일을 텍스트로 변환시켜 주는 프로그램, 문장의 내용을 요약 정리해 주는 프로그램, 자동 문서번역기 등은 이미 기자들이 익숙하게 사용하고 있는 AI도구다. 자동 이미지 생성기, 자동 영상 제작 프로그램, 기사생성기 등 기자들 본연의 업무를 지원해 주는 AI 프로그램도 등장했다. 최근에는 AI프로그램이 봇물이 터졌다고 할 정도로 기존 AI프로그램을 업그레이드하거나 새로운 기능을 가진 AI가 등장해 어떤 프로그램이 있는지조차 확인하기 어려울 정도다.

지역신문사 기자들은 취재나 기사작성에 부분적으로 AI프로그램을 잘 활용하고 있으나 신문사 차원에서 부분적인 활용 정도이고 체계적으로 활용하고 있지는 않다. 이유는 두 가지 정도로 요약된다. 하나는 큰 필요성을 느끼지 못하기 때문이다. 디지털 전환에 대한 의지가 부족하고 지향하는 바가 분명하지 않으니 군이 AI 프로그램 도입 필요성을 덜 느끼는 것이다.

앞서 언급한 빅데이터 활용과 비슷하지만 AI프로그램은 취재 단계부터 고객관리에 이르기까지 광범위하게 활용이 가능하나 미래지향적 경영목표보다는 현안대응 중심으로 흐르다 보니 AI프로그램 도입에 적극적이지 않은 것이다.

또 AI프로그램은 일정부분 투자 및 추가비용이 필요하다는 점도 도입을 꺼리고 있는 이유 가운데 하나다. 지역신문사는 기본적으로 인건비 비중이 높아 투자재원을 마련하기가 쉽지 않은 여건이다. 지속적인 지역신문 경영위축으로 소규모라도 투자재원을 확보하기 어렵다는 점이 AI도입을 망설이게 하는 이유다. 또 AI도입이 곧바로 수익으로 연결된다는 보장이 없기 때문에 차일피일 미루는 경향이 있다.

편집국 취재 및 제작 과정에는 단계적이고 점진적인 도입을 하고는 있지만 매우 느리고 부분적인 활용, 부수적인 활용에 그치고 있는 실정이다. 국내 플랫폼기업이나 IT기업, 중소기업 등에서 AI프로그램을 속속 도입하고 있는 것과는 달리 지역신문은 다소 더디고 관심도 높지 않은 것이 사실이다. 여러 가지 요인이 있지만 지역신문의 미래를 생각하면 적극적인 도입이 필요하다고 생각한다.

지역신문사 취재와 제작과정, 웹 관리에 AI프로그램을 도입할 경우 기사 퀄리티나 고객관리에 있어 획기적인 변화를 기대할 수 있다. 또 궁극적으로는 어떤 기업이든 AI 기반 없이는 지속가능 경영이 어렵다는 점에서 지역신문도 하루속히 다양한 AI프로그램을 도입해 미래 여건변화에 대응해야 한다.

디지털 전환을 위한 투자재원 확보방안

사실 회사든, 단체든, 이익집단이든 어떤 문제가 생기면 스스로 극복하는 게 상식적이다. 스스로 문제를 극복할 수 없다는 것은 그 조직에 심각한 문제가 존재하고 이를 해결할 역량이 부족하다는 반증이다. 지속가능성이 없는 것이다. 지속가능성이 없으면 도태되는 것이 사회의 원리다.

지역신문의 경우 생태계 붕괴가 시작됐고 디지털 전환이 순조롭지 않아 이중고를 겪고 있는 실정이다. IMF 이후 지속된 지역경제 위축에 따라 광고 시장이 한계를 드러내고 수도권 집중 가속화로 지역경제기반이 무너지고 있는 상황에서 지역신문은 힘들게 버텨오고 있다. 이런 와중에 4차 산업혁명으로 미디어 환경이 급변하면서 디지털 전환이라는 낯선 환경을 맞이했다.

현실적으로 투자를 하기는 어려운 환경이고, 그렇다고 기존 시스템으로 종이신문 제작을 열심히 한다고 돌파구가 보이지는 않는다. 진퇴양난이고 더 이상 결정을 미룰 수 없는 환경이다.

앞서 지적했듯이 지역신문이 디지털 전환에 필요한 투자재원을 마련해서 자체적으로 진행하는 것이 가장 이상적이다. 외부 투자를 유치하거나 적립된 재원을 사용해서 디지털 전환을 이루고 새로운 미디어 환경에 적응하는 것이다.

그러나 문제는 지역신문이 자체적으로 투자재원을 마련하거나 외부에서 투자를 받기는 사실상 불가능하다는 데 있다. 지역신문 대부분이 적자상태이거나 겨우 적자를 면하더라도 직원 월급 주기가 빠듯한 상태라 투자여력이 없다. 현재로서는 디지털 전환을 할 재원을 마련할 방법이 없는 것이다.

그렇다고 지역신문이 붕괴되는 것을 지켜볼 수만은 없는 것이 현실이다. 지역신문이 붕괴됐을 경우 그 부작용은 상상하기 어렵다. 지역신문은 공기公器이자 공기空氣라 평소에는 그 존재를 잘 느끼지 못하지만 우리 현실에서 사라질 경우 지역사회에 미치는 부작용은 상상 이상이다. 지역사회의 목소리를 대변하고 공론장을 제공하며 지역주민들에게 정보를 제공하던 것들이 불가능하거나 위축되는 환경을 맞을 수밖에 없다. 지역여론이나 지역현안 문제 파악도 어려워지고 정보소통이 원활해지지 않으면서 지역커뮤니티에 문제가 생길 수 있다. 나아가 지역자치단체에 대한 감시와 비판기능 부재로 민주주의 시스템 유지에 취약해질 수도 있다. 이런 부작용을 고려하면 정부와 지방자치단체의 대책 마련이 불가피해 보인다.

현재 한국언론진흥재단이나 지역신문발전위원회에서 다양한 지역신문 지원 프로그램을 시행하고 있지만 '충분하지도 않고 혁신적이지도 않다'는 평가가 많다. 다방면의 지원으로 지역신문이 혜택을 받고 있기는 하지만 충분하지 않은 것이 문제다. 이 지원으로 인해 지역신문사가 전반적인 낙수효과를 기대하기에는 지금의 지원금으로는 부족하다.

또 여러 가지 지원 프로그램도 디지털 전환에 필요한 혁신적인 지원에는 미치지 못해 지원 대비 효과가 미미한 것도 문제다. 한정된 예산으로 지역신문의 본질적인 기능에 대해 지원하다 보니 어쩔 수 없는 부분이지만 지금보다 지원 예산을 늘리고 디지털 전환에 필요한 확실한 지원프로그램을 마련할 필요성이 있다.

정부나 지자체가 지역신문을 지원하는 것에 적절하냐는 문제를 제기할 수도 있으나 앞서 언급했듯이 지역신문 생태계가 붕괴할 경우 회복할 수 없는 부작용이 예상되고, 지금의 환경은 디지털 전환이라는 시대적 특수성이 있는 만큼 지역신문 지원에 정부나 지자체가 전향적인 태도를 가져야 한다.

제 4 장

마무리

지역신문은 미디어 환경 변화에 대응할 시기를 놓쳐버렸다. 1990년대까지만 해도 신문산업 자체가 경쟁력을 갖고 첨단 윤전기와 제작 시스템을 바탕으로 종이신문을 발행했다. 그때까지만 해도 첨단 기술의 집약체가 신문산업이라고 할 수 있었다. 기자들은 무선호출기인 소위 '삐삐' 부터 시작해, 노트북, 카폰, 휴대폰에 이르기까지 첨단 통신장비를 가장 먼저 사용한 그룹이었다.

하지만 본격적인 4차 산업혁명이 시작되고 디지털 전환에 따른 미디어 환경 변화에는 제대로 적응하지 못하고 있다. 한국언론이, 지역신문의 대응의 갈피를 잡지 못하고 우왕좌왕하기 시작한 때가 벌써 10년이 넘었다. 물론 부분적인 디지털 전환이나 시스템 첨단화를 진행하고 있지만 선도자적 위치가 아닌 소극적인 추격자 위치에 머물면서 지역신문의 입지는 점점 더 좁아지고 있다.

사실 지역신문이 지금의 위기를 극복할 뾰족한 해결책이 있었다면 지금 같은 극한 상황으로 치닫지는 않았을 것이다. 해결책 자체가 난망하거나 있더라도 실현이 쉽지 않은 어떤 요인 때문에 속수무책인 상황이 지속된다. 그만큼 만족할 만한 대안을 마련하기가 쉽지 않은 환경이다.

플랫폼 기업으로 변신

지금은 플랫폼Platform시대다. 플랫폼은 기차역에서 사람들이 타고 내리는 곳을 의미한다. 비즈니스 측면에서는 생산자와 소비자가 만나는 공간이다.

디지털 플랫폼Digital Platform은 전 세계인이 스마트폰, 앱스토어 등을 활용해 새로운 아이디어를 실현하고 경제활동에 나설 수 있는 디지털 공간을 말한다. 인터넷의 보급과 모바일 기술발전, 그리고 빅데이터 관리와 분석이 가능한 컴퓨터 기술의 발전으로 등장한 것이 플랫폼 기업이다.

플랫폼 기업은 공급자와 수요자를 연결해 부가가치를 창출한다. 이들 플랫폼 기업의 특징은 사용자 행동 데이터를 수집하고 분석해 개인화된 서비스와 추천 시스템을 제공하는 것이다. 이는 사용자 경험을 향상시키고 고객 충성도를 높이는 데 중요한 역할을 한다. 빅데이터로 무장한 플랫폼 기업들은 전 세계 기업 상위에 랭

크될 정도로 4차 산업혁명시대 보편적인 비즈니스모델로 자리잡 아가고 있다.

그동안 지역신문이 지역사회에서 맡아온 역할을 조명해 보면 플랫폼 기업과 대동소이함을 알 수 있다. 지역신문은 지역사회 주 요 취재원으로부터 얻은 고급정보를 바탕으로 독자들에게 필요한 정보를 제공해 오고 있었다. 지역신문사가 정보매개체 역할을 한 것이다. 주로 공공의 관심사와 지역주민들의 이해관계가 있는 정 보, 지역거버넌스에 관한 것들 등이 중심이었다.

이런 기능을 현대적으로 비유하면 바로 플랫폼 기업이다. 앞서 여러 번 강조했지만 지금 전 세계의 상위기업들은 대부분 플랫폼 기업이다. 이들 플랫폼 기업은 디지털 환경에서 엄청난 빅데이터 를 수집, 처리하고 분석해 이를 바탕으로 이윤을 창출하는 것이다. 전통적인 지역신문의 역할과 크게 다르지 않다.

차이는 뭘까? 기본적으로 지금의 플랫폼 기업은 디지털 전환의 선두에서 탁월한 빅데이터 처리능력을 갖추고 있다는 점이다. 반 면에 지역신문은 지역 내 다른 어느 기관보다 정보량과 정보 수준 면에서 타의 추종을 불허하지만 정보의 범위가 매우 제한돼 있다. 지역신문은 4차 산업혁명시대에 엄청나게 생산되고 있는 빅데이 터 처리에 대해서는 거의 전무하다시피 해 플랫폼 기업과는 한참 거리가 멀다.

하지만 궁극적으로 지역신문이 새로운 생태계를 구축하기 위 해서는 플랫폼 기업으로 변신하는 것 밖에는 별다른 선택지가 없어 보인다. 지역신문이 막강한 빅데이터를 기반으로 지역사회의 다양한 영역과 분야에서 플랫폼 역할을 할 때 지속가능한 생태계 구축이 가능하다는 생각이다.

종이신문이 한계를 보이는 상황에서 가장 혁신적인 시도를 하고 있는 뉴욕타임즈The New York Times도 최근 몇 년 동안 디지털 혁신을 통해 플랫폼 기능을 강화해 오고 있다. 웹사이트와 모바일 애플리케이션을 통해 뉴스, 분석, 오피니언, 멀티미디어 콘텐츠뿐만 아니라 다양한 디지털 콘텐츠를 제공하고 있다. 전형적인 플랫폼 기업과는 차이가 있지만 빅데이터를 기반으로 맞춤형 서비스를 제공하고 독자들이 뉴스와 함께 다양한 콘텐츠를 접하도록 한다는 점에서 플랫폼적 성격을 강화하고 있다고 봐야 한다. 단순비교는 무리가 있지만 지역신문이 궁극적으로 지향해야 할 방향은 플랫폼 기업으로의 변신이라는 점을 강조한다.

지역AI기업과의 전략적 제휴

미래산업은 기업 업종과 기업 규모를 불문하고 데이터 기반이 되지 않고는 생존할 수 없다. 앞서 언급한 플랫폼 기업들도 데이터를 기반으로 한 회사들이다. 지역신문사 또한 플랫폼 기업으로 진화하기 위해서는 빅데이터를 수집, 처리, 해석하는 능력을 보유해야 한다. 기사를 쓰는 데 빅데이터를 활용하는 것도 중요하지만 좀 더 광범위하게, 다양한 영역에서 활용해야 하는 것이다.

사실 빅데이터는 숫자로 구성된 데이터만을 의미하지는 않는다. 과거에 비해 데이터는 기하급수적으로 많은 양이 생산되고 있다. 실시간으로 엄청나게 빠른 속도로 많은 양이 생성되고 있는 것이다. 그리고 무엇보다 중요한 것은 단순한 숫자로만 구성된 것이 아닌, 글자, 사진, 동영상, 이미지 등도 빅데이터의 범위에 포함된다는 사실이다. 이는 우리가 그동안 사용했던 계량화된 분석틀을 넘어서는 혁신적인 분석기법인데 지역신문이 여기에 별다른 관심을 두고 있지 않다는 것은 매우 위험한 현상이다.

하지만 지역신문이 관심을 두고 있더라도 이를 수집, 처리(가공), 분석, 활용을 하기 위해서는 인력 및 장비에 많은 투자를 해야 한다. 이는 지역신문사 재정 상황을 볼 때 불가능에 가깝다. 그렇다고 마냥 도외시할 수도 없는 문제다. 빅데이터 활용 여부에 지역신문의 미래가 달려있는 만큼 지역 빅데이터 기업과 전략적 제휴나 협력관계 구축이 필요하다고 생각한다.

지역 데이터 기업은 데이터 제공 및 분석 등을 하고 지역신문은 이를 보도하거나 재판매 등으로 데이터 기반 경제를 구축해야 한다. 또 지역신문은 지역 내 다양한 AI기업과의 협력도 중요하다. 지역신문이 가지고 있지 않은 AI기술을 지역 IT기업을 통해 지원받아 독자들에게 여러 가지 서비스를 제공할 수 있다. 또 이 AI기업과 새로운 비즈니스모델을 개발해 공동이익을 창출한다면 지역경제 혁신에도 긍정적인 영향을 미칠 수 있을 것으로 전망된다.

지역신문사는 그동안 독자적으로 생존해 왔다. 탄탄한 경쟁력을 갖추고 있고 일반적인 기업보다는 투명성이나 공공성이 강하기 때문에 지역기업과의 협력 필요성을 느끼지 못했다. 지역신문에 견줄 만한 기업이 별로 없었다.

하지만 지금은 사정이 많이 달라졌다. 지역신문사보다 뛰어난 조직 시스템과 기술력, 인적 자원을 가진 기업이 많다. 지역신문사는 이들 기업과의 전략적 제휴를 통해 뒤처진 디지털 전환을 이끌고 새로운 비즈니스 모델 개발, 지역사회 혁신 등을 할 수 있도록 해야 한다.

4차 산업혁명시대는 소통과 협업의 시대라고 한다. 지역신문사도 이 같은 시대적 흐름에 맞춰 지역첨단기업들과의 협력을 강화해야 할 시점이다. 협력은 기업뿐만 아니라 대학이나 연구기관 등 다양한 혁신기관을 대상으로 진행해야 한다. 학계를 통해 4차 산업 관련 다양한 연구동향과 프로그램, 트렌드 등을 제공받고 이를 기사 작성 및 신문사 운영 전반에 활용하는 것이 좋다. 또 지역

내 주요 공공기관, 비영리단체 등 지역신문의 새로운 생태계 구축을 위해서는 지역 단체나 기관들 간의 활발한 협력과 소통이 필요한 시점이다.

지역신문에 대해 가장 무관심한 층인 젊은이들과의 소통을 강화하기 위한 방편으로 게임 업체와의 전략적 제휴도 고려해 볼 만하다. 젊은이들이 모바일게임을 즐기고 게임을 통한 SNS 활동도 활발한 현실에서 지역신문이 지역 게임 업체와 제휴해 젊은이들과의 커뮤니티를 강화하는 것도 좋은 대안의 하나가 될 수 있다.

더 이상 지역신문을 방치하면 안 된다

지역신문 디지털 전환의 주체는 신문사이다. 신문사 내부에서 디지털 전환의 필요성에 대해 공감대가 형성돼야 하고 실현 가능한 방법부터 모색해야 한다. 4차 산업혁명 시기 디지털 전환에 실패하면 더 이상 지속가능성은 없다는 점에서 선택의 시간이 그리 많지 않다. 우리 사회가 디지털 전환이 느리게 전개되는 것처럼 보이지만 이미 세계적인 플랫폼 기업들에서 보듯이 디지털 전환은 시간 문제일 뿐 되돌릴 수는 없는 상황이다. 지역신문은 경영 여건이 좋지 않은 데다 전반적으로 디지털 대응이 늦어 새로운 생태계 구축에 상당한 애로를 겪을 전망이다.

지역신문이 다른 분야에 비해 디지털 전환이 늦은 것은 현 단계에서 내부 의지가 있더라도 최소한의 동력조차 확보하기 어려울 정도로 경영 사정이 좋지 않기 때문이다. 지속적인 경영 악화로 축소 경영을 해오고 있는 환경에서 미래를 위한 투자재원 마련이 생각보다 쉽지 않은 것이 현실이다. 지역신문사마다 여건은 다르지만 투자 여력이 있는 지역신문사는 극히 일부에 불과하다는 점에서 사회구조적인 면에서 접근할 필요성이 있다.

지역신문사의 디지털 전환을 신문사 자체적으로 진행하도록 놔두어서는 안 되는 이유다. 광역자치단체별로 한두 개 신문사가 디지털 전환에 필요한 재원을 확보하고 있다면 그나마 다행이라고 할 수 있겠지만 현실은 암울하다. 지역신문 생태계 자체가 붕괴되지 않을까 우려할 정도로 심각하다.

지역경제나 지역혁신 역량이 점점 더 나빠지고 있는 현실에서 지역신문의 생태계 붕괴는 지역사회뿐만 아니라 국가 전체에 부담을 줄 것이다. 망국적인 수도권 집중이 가속화되고 있는 시점에서 지역신문 생태계가 붕괴된다면 지역소멸과 지역혁신 역량 감소는 뻔한 일이다.

그런 만큼 지역사회는 물론 정부와 지자체, 학계, 시민단체 등에서 지역신문 생태계에 관심을 가져야 한다. 지금 지역신문은 지역신문사 자체 역량으로 디지털 전환을 할 역량이 부족하다.

지역신문이 성공적 디지털 전환을 통해 지역사회에 꼭 필요한 공기公器이자 공기空氣로 존재할 수 있도록 우리 사회가 관심을 가지기를 당부한다.

나는 글로컬 기자다

초판 발행 | 2024년 10월 23일

지은이 | 박종문
펴낸이 | 신중현
펴낸곳 | 도서출판 학이사

출판등록 : 제25100-2005-28호
주소 : 대구광역시 달서구 문화회관11안길 22-1(장동)
전화 : (053) 554~3431,3432
팩스 : (053) 554~3433
홈페이지 : http://www.학이사.kr
전자우편 : hes3431@naver.com

ISBN _ 979-11-5854-531-4   03070